Bioética
y Crueldad
Animal

Una reflexión sobre
desarrollo humano

Bioética
y Crueldad
Animal

Una reflexión sobre
desarrollo humano

Ismar Aguilar

Hola PUBLISHING INTERNACIONAL

¿ßola
PUBLISHING
INTERNACIONAL

Hola Publishing Internacional
Eugenio Sue 79, int. 4, Col. Polanco
Miguel Hidalgo, C.P. 11550
Ciudad de México, México

Primera edición, Febrero 2024
ISBN: 978-1-63765-561-0

La información contenida en este libro es estrictamente para propósitos informativos. A menos que se indique otra situación, todos los nombres, personajes, negocios, lugares, eventos e incidentes en este libro son producto de la imaginación del autor o usados de manera ficticia. Cualquier parecido con personas reales, vivas o muertas, o eventos actuales, es pura coincidencia.

Hola Publishing Internacional es una empresa de autopublicación que publica ficción y no ficción para adultos, literatura infantil, autoayuda, espiritual y libros religiosos. Continuamente nos esmeramos para ayudar a que los autores alcancen sus metas de publicación y proveer muchos servicios distintos que los ayuden a lograrlo. No publicamos libros que sean considerados política, religiosa o socialmente irrespetuosos, o libros que sean sexualmente provocativos, incluyendo erótica. Hola se reserva el derecho de rechazar la publicación de cualquier manuscrito si se considera que no se alinea con nuestros principios. ¿Tiene una idea para un libro que quisiera que consideremos para publicación? Por favor visite www.holapublishing.com para más información.

*Para las víctimas y para los victimarios
que también lo fueron.*

Índice

Introducción

Los seres humanos coexistimos en una relación constante con las distintas formas de vida que conforman nuestro entorno, y el modo en el que nos conducimos al relacionarnos está determinado por diversos elementos que nos han moldeado y que han favorecido el máximo desarrollo de cada uno de nosotros como personas o que, por el contrario, han sido causales en la manifestación de comportamientos contrarios a nuestro desarrollo integral.

Sin duda, los animales son parte de aquella otredad que construye nuestro entorno, es con quienes hemos establecido distintas relaciones y representaciones. Esta relación, y el modo en el que nos conducimos hacia y con ellos, deriva de las oportunidades, experiencias, aprendizajes, culturas, emociones, entre muchos otros aspectos que nos definen como personas y que, cuando son favorables, tienden a construir el máxime del ser humano y su bienestar, lo que implicaría una relación armoniosa con los distintos aspectos de la vida.

Cuando la vida del ser humano ha navegado en la incertidumbre, la violencia, el dolor, el miedo, las carencias, el individuo libra una batalla cotidiana que puede alejarlo de la posibilidad de mirar los aspectos más brillantes de su entorno, sesgar su optimismo y, finalmente, ello manifestarse en las distintas formas de violencia que pueden formar parte de su cotidianidad.

Esta obra está pensada para construir bases que impulsen a mayor escala la atención a la Crueldad Animal y extender esta atención para combatir un aparente fanatismo utilitarista que prevalece en nuestra época hacia una reflexión —me atrevo a decir— del campo de la fenomenología social; aquella que pueda voltear a ver al ser humano como punto de partida y sea capaz de hacernos retomar las riendas de la responsabilidad que poseemos o, aunque no sea así de facto, de la que decidamos poseer en nuestro mundo.

En este análisis de la Crueldad Animal como fenómeno social se transita por aspectos conceptuales, jurídicos, filosóficos y de salud pública que se abordarán para fines pedagógicos, de forma estructurada, en las próximas páginas. Esto, con el fin de evitar un análisis de vaivén y que, por el contrario, permita colocar sobre la mesa, y del modo más preciso posible, el por qué hablar de la Crueldad Animal es un deber en distintos aspectos de la vida, en el camino hacia un bienestar integral.

Capítulo

1

Éticas no zoo-céntricas para la Crueldad Animal

A lo largo de la historia, la relación entre humanos y animales ha jugado un papel fundamental debido a las diferentes funciones que estos últimos han cumplido en favor del bienestar humano. Sin embargo, como seres estrechamente relacionados con la humanidad, también han sido sujetos de relaciones de abuso y violencia por parte de las personas (Vásquez Avellaneda, 2010). La relación entre el ser humano, los animales y el entorno, en general ha sido objeto de reflexión desde distintas corrientes filosóficas y posturas bioéticas, un ejercicio propio de la naturaleza humana que plantea el cuestionamiento sobre su papel, sus deberes, libertades o responsabilidades en relación al resto de elementos y formas de vida en el mundo (Choza Armenta, J.L., 2016).

De esta reflexión han surgido propuestas que aportan elementos para mirar a los animales desde distintas perspectivas, atribuyéndoles un valor a partir del reconocimiento de sus propiedades y capacidades como seres vivos, seres sintientes, seres sujetos de derechos y seres sujetos de consideraciones morales (Lolas, S., 2000; Arami, M., 2007), de modo que sus experiencias subjetivas, sus emociones, su calidad de vida sean en pos de un trato mejor (Pierce, J., 2019).

En el campo de la bioética se pueden encontrar múltiples estudios que se interesan en los animales como objeto de conocimiento desde el punto de vista epistemológico y ontológico. Sin embargo, ante un fenómeno social de tal complejidad como la Crueldad Animal, parece no existir una atención en la reflexión ética sobre tales actos que coloque al ser humano como centro de atención. Aunque podría parecer que una bioética de enfoque antropocéntrico se alejaría de la posibilidad de construir una relación distinta con los animales, y, en particular, respecto a los actos de Crueldad Animal (CA), resulta imposible afirmar o negar tal idea si no es a partir de las bases, principios y valores que construyen tales enfoques.

El bienestar de los animales y la CA cuentan con implicaciones en distintas esferas de la vida y la sociedad (Buriticá, S.M., 2019). Desde el punto de vista de la ecología de las enfermedades, por ejemplo, este tema ha sido abordado durante varios años con importantes aportaciones sobre la relevancia de considerar la salud animal como un elemento fundamental para el bienestar y desarrollo humano, dando fuerza al concepto de Una salud o One Health (Mackenzie, J.S., y Jeggo, M., 2019).

Por otro lado, la CA también ha despertado mucho interés en el área de la psicología y la sociología al relacionarse con la manifestación de psicopatías y sociópatas en las que estos actos de violencia se manifiestan como uno de los escalones bases de conductas criminales y una variedad importante de formas de violencia social (Haden, S.C., McDonlad, S.E. & D'Emilia, W., 2022). En esta búsqueda por entender el fenómeno, se logran identificar factores sociales, familiares, psicológicos, económicos, culturales y sanitarios, lo que hace evidente que hablar sobre la relación de los seres humanos con los animales es, sin duda, un tema de bienestar humano (Doyle, R.E., et al., 2021).

La naturaleza de la CA ha motivado su estudio y análisis desde diversas áreas de conocimiento que corresponden a las ciencias sociales y las ciencias de la salud (Parry, N. & Stoll, A., 2020). En el proceso histórico de su estudio, la bioética también ha sido participe desde diferentes posturas teóricas, aunque prevalece un enfoque zoocéntrico que busca reivindicar a los animales como seres sujetos de consideración moral y el reconocimiento de sus derechos.

Este debate parece transitar de extremo a extremo en las distintas posturas éticas y morales —en algunos casos, incluso, sin considerar que los actos de CA responden de facto a una realidad mucho más compleja (Chapouthier, G., 2013; Martínez, A. M., 2007; Ortiz, L.E., 2008; Lauren S. & Crippa, A., 2016; Ivanovic, B.M., 2011).

La CA ha sido analizada desde distintas posturas y con diversos fines, como su prevención en la investigación y desarrollo biomédico, su manifestación en la cultura (Kabane, S. & Baadel, S., 2019; Cengiz, N. & Wareham, C., 2020; Simmonds, R.C., 2017; Landi, M., Everitt, J. & Berridge, E., 2021; Fenton, A., 2019) o sus implicaciones psicosociales (Baglivio, M., et al., 2017). Sin embargo, dado el alcance de algunas corrientes de pensamiento —como el utilitarismo zoocéntrico, el conservacionismo o la ciencia del bienestar animal— y frente a la complejidad del fenómeno de CA, se logran identificar importantes áreas de oportunidad para enriquecer el proceso reflexivo y de análisis.

Resulta primordial reconocer y evidenciar que los actos de CA son consecuencia de una gama importante de factores que llevan a los seres humanos a cometer dichas acciones, por lo que una aproximación a este fenómeno que coloque al ser humano en el centro de análisis puede representar, por mucho, un aporte importante para su atención.

Los estudios sobre la relación del ser humano con los animales se han desarrollado a lo largo de los años desde el campo de la bioética, donde ha prevalecido el posicionamiento de los animales como foco de preocupación junto con un mensaje sobre la obligación moral de los seres humanos para procurarlos. No obstante, un enfoque zoocéntrico no es fundamental para el análisis ético del fenómeno de Crueldad Animal ya que desde una perspectiva antropocéntrica, es posible replantear el paradigma sobre la relación del ser humano con los animales y su entorno. Para lograr este objetivo, debe plantearse una definición de *Crueldad Animal* que identifique la relación del fenómeno en la salud, es decir, de la salud humana, animal y ambiental de manera integral.

La CA cuenta, sin duda alguna, con un componente de reflexión ética y moral, lo que ha despertado un sinfín de debates filosóficos que han cuestionado la obligación moral de los seres humanos hacia los animales y si es que, en efecto, los animales deberían ser sujetos de dichas consideraciones (Breyer, T. & Wildlok, T., 2018).

Las distintas filosofías y éticas que han cuestionado la relación del ser humano con los animales se han ocupado primordialmente de indagar sobre dos aspectos: por un lado, los animales como seres sujetos de derechos, libertades, consideraciones morales y justicia, así como los límites del ser humano ante el reconocimiento de dichas libertades y derechos; y por otro, las posturas que han enfatizado sobre el derecho de los seres humanos sobre los animales y la obligación para reducir y eliminar cualquier forma de miedo, dolor o sufrimiento en consideración y reconocimiento de su capacidad sintiente (Matsuoka, A. & Sorenson, J., 2018; Persson, K., et al., 2020; Birch, J., Schnell, A.K. & Clyton, N., 2020). Cuando se trata del análisis de la CA, tanto éticas zoocéntricas — aquellas que luchan por fortalecer los deberes del ser humano hacia los animales — como la ética utilitarista de la ciencia del bienestar animal e incluso las éticas con un enfoque integral sobre las relaciones ecosistémicas, parecen aún no alcanzar a integrar en sus enfoques la importancia que juega reconocer al ser humano en su máxima complejidad, esto es, reconocer que la forma en la que el ser humano se proyecta en el día a día es resultado de su grado y oportunidades de desarrollo y bienestar.

La CA ha demostrado ir mucho más allá del cuestionamiento de la relación que los humanos han establecido con los animales y la adopción de posturas éticas deterministas que exponen lo que es o no permisible desde el punto de vista ético. Para algunos autores, la CA o el sufrimiento animal podría requerir en realidad un abordaje desde, incluso, el punto de vista de la fenomenología (Veit, W. & Browning, H., 2021).

Podemos contemplar también éticas con fuertes componentes antropocéntricos cuyos fundamentos filosóficos hacen parecer, a primera vista, que poco o nada tienen que ver con la reflexión respecto a la relación que se ha establecido con los animales (Bermeto, A.E., 2019; Amo, S.R., 2019; Antury, E.B.; 2021), y, en este mismo sentido, vemos estudios que han retomado estas éticas centradas en la "persona" que han mostrado pocos acercamientos al fenómeno de CA. Por ello, resultaría importante la apertura de nuevas líneas de investigación que permitan identificar si estas corrientes de pensamiento deben permanecer alejadas o comenzar a fortalecer el camino de análisis hacia un problema con tales implicaciones en la naturaleza, en la sociedad y en el ser humano.

Un ejemplo de ello son las aportaciones de pensadores como Aristóteles y Tomas de Aquino cuyos postulados de principios y valores favorecen el bienestar social e individual y nutren de forma importante posturas bioéticas con especial atención en la naturaleza ontológica del ser humano. A partir de ello, para algunos autores, podría existir la posibilidad de concebir al ser humano desde el pensamiento aristotélico hacia nuevas soluciones éticas ante estos fenómenos (Martí, A.S.P., 2021; Furst Von Lieven, A., Humar, M. & Scholtz, G., 2021).

Un elemento más a considerar será el papel que juega el marco legal en dicho fenómeno. A pesar de que en México se cuenta con una variedad importante de leyes, reglamentos y normas relacionadas con la salud y el bienestar de los animales, es probable que el alcance de este marco aún no sea suficiente o compatible con la manera en la que el fenómeno de Crueldad Animal debería ser entendido e intervenido. Además, la diversidad y falta de consistencia desde la definición y aplicación dificulta los procesos jurídicos, la participación social y las estrategias de mayor alcance como sucede en otros países (Faser, D., Koralesky, K.L.E. & Urton, G., 2018).

Un fenómeno de tal complejidad como lo es la Crueldad Animal, su origen, causas y motivaciones, requiere continuar un proceso reflexivo que aporte argumentos y herramientas que fortalezcan el juicio bioético sobre tales actos, sin que esto signifique la polarización de posturas, sino que sea capaz de aportar un marco sólido de principios y valores.

Resumen del capítulo

El camino de la bioética en materia de Crueldad Animal es aún largo por recorrer. Inicia en la determinación precisa sobre el concepto de Crueldad Animal, continúa su camino con la capacidad de observar tales actos como fenómenos de naturaleza social, pero también como actos del ser humano que emanan de la representación que cada persona ha construido de su entorno, el análisis fenomenológico y la adopción de una postura filosófica que no se encuentre centrada (necesariamente) en los animales, sus características o sus capacidades, como objeto de reflexión; sino en el ser humano.

Es necesaria, sin duda, una bioética que, a partir de bases filosóficas, sea capaz de encontrar y evidenciar todas aquellas carencias del ser humano en su desarrollo como persona y que se reflejan en cada acto de Crueldad Animal y diversas formas de violencia social.

Capítulo

2

¿Cómo definimos
la **Crueldad Animal?**

El fenómeno de Crueldad Animal (CA) cuenta con una importante gama de implicaciones en distintos niveles, no solamente en materia de bienestar animal, sino en salud pública y medio ambiente. Por ello se ha convertido ya en un tema de interés para distintas áreas del conocimiento: desde las ciencias médicas y sociales hasta la filosofía y su integración en un ejercicio constante de estudio y reflexión interdisciplinario (Newberry, M., 2017; Sharp, L.A., 2018).

La diversidad de enfoques con la que el fenómeno puede ser abordado ha evidenciado que no existe una definición única o consensuada de lo que es y representa. Por lo anterior, es importante realizar una breve aproximación a las diferencias en la concepción del fenómeno de CA desde distintas áreas del conocimiento. Para el caso de las ciencias de la salud y la salud pública, la aplicación del concepto de CA trastoca los procesos de diagnóstico, evaluación o investigación en temas de salud mental, violencia intrafamiliar, violencia social, entre otros. Contar con una definición precisa se vuelve necesario en la medida en la que esto puede interferir en los procesos de investigación.

En lo que respecta a la aplicación del concepto de CA en contextos legales, este queda sujeto a criterios individuales o institucionales y no propiamente a una definición consensuada en términos más globales, haciéndolo, en algunas ocasiones, muy específico y, en otras, un tanto ambiguo, según sea el caso. Por otra parte, cuando se trata de reflexiones en el campo de la filosofía, la consolidación de una definición precisa sobre CA se vuelve más compleja y sobrepasa el fenómeno *per se*. Entonces, plantea cuestionamientos tales como: ¿qué es la crueldad?, ¿los seres humanos son crueles por naturaleza?, ¿hay motivaciones naturales para los actos de crueldad hacia humanos o animales?, entre otros que dificultan la consolidación de un criterio único respecto al fenómeno.

2.1 El concepto Crueldad Animal en ciencias de la salud

La CA ha cobrado interés en distintos ámbitos como la psicología, psiquiatría y otras áreas médicas o sociales relacionadas a la salud pública (Mutuberría & Zamora, 2009). Incluso, antes del surgimiento de los movimientos sociales preocupados por un trato ético y compasivo con los animales, ya se reconocía su relación con los fenómenos de violencia social (Unti, 2008). De hecho, la Asociación Americana de Psiquiatría la ha reconocido como un criterio más para el diagnóstico de desórdenes de conducta, incluido así en su *Manual de Estadística y Diagnóstico de Desórdenes Mentales* (Ascione F. R., 1993).

En estos ámbitos, el concepto se aplica para procesos de estudio de casos de trastornos mentales, situaciones de violencia intrafamiliar, acoso o violencia en niños, adolescentes y adultos. En ellos se ha detectado la dificultad en la incorporación y uso de este término debido a que existen múltiples diferencias en lo que cada persona puede considerar o no como un caso de CA, por lo que algunos autores hacen énfasis en la importancia de contar con una definición estandarizada (Pagani, et al., 2010; Guymer, et al., 2001).

Una de las propuestas para definir CA —que aparece con mayor frecuencia en los estudios de ciencias de la salud es la realizada por Frank R. Ascione[1], en 1993, en su artículo "Children Who are Cruel to Animals: A Review of Research and Implications for Developmental Psychopathology"— señala la complejidad de contar con una definición sobre CA y hace referencia a algunas propuestas como la de Felthous y Kellert (1987), definiéndola como

[1] Frank Ascione es un reconocido profesor de la Universidad de Denver, miembro de la Asociación Americana de Psicología y de la Sociedad para la Investigación sobre Desarrollo Infantil con múltiples publicaciones sobre comportamientos antisociales y pro sociales en niños. Es coeditor de los libros: *Crueldad Animal y Violencia Interpersonal y Abuso infantil violencia doméstica y maltrato animal*, también Director Ejecutivo del Instituto para la Conexión Humano Animal de la Universidad de Denver.

"patrones de conducta que deliberada, repetida e innecesaria-mente pretenden lastimar de gravedad a un animal vertebrado". En esta definición podemos ver que los componentes sobre la frecuencia, intención e incluso el tipo de víctima juegan un papel importante.

En el mismo artículo se cita a Brown (1998), quien integra en su definición aspectos como el sufrimiento innecesario infringido a un ser sintiente (animal humano o no-humano), considerando dolor inducido físicamente o distrés, causado por el confinamiento o aislamiento. Menciona también que la crueldad hacia los animales puede ser "positiva", haciendo referencia a los actos cometidos hacia los animales, o "negativa" cuando resultan de la omisión o negligencia.

Asimismo, Ascione (1993) precisa que los componentes de intencionalidad y conocimiento juegan un papel importante, de modo que los actos accidentales posiblemente puedan quedar excluidos en estas primeras propuestas. Más adelante menciona la propuesta de Vermeulen y Odendaal (1992), en donde se retoman componentes como la intencionalidad, actos maliciosos, o actos irresponsables, así como los accidentales o por ignorancia, infringidos física o psicológicamente a los animales de compañía por única o múltiples ocasiones.

A partir de este análisis Ascione construye una propuesta conceptual que a lo largo de varios estudios será considerada como una de las principales referencias en estas líneas de investigación:

Crueldad Animal, definida como comportamientos socialmente inaceptables que intencionalmente causan dolor innecesario, sufrimiento, distrés o muerte de un animal.

Años después, Alleyne y otros autores retoman la misma definición en su estudio sobre Crueldad Animal (animal abuse) perpetrado por adultos, haciendo énfasis en un importante factor que, de acuerdo con la publicación, se puede distinguir entre *abuso* y *crueldad*, considerando que la crueldad denota "alguna forma" de satisfacción para el perpetrador (Alleyne & Parfitt, 2017).

A lo largo de los años se han desarrollado diversos y numerosos estudios sobre la relación de la Crueldad Animal y la violencia social o doméstica. Por mencionar algunos, se encuentran los trabajos de Arluke y Lockwood (1997), Rowan (1999), Ascione y Shapir (2009), Brewster y Reyes (2013), Becker y French (2004), Dadds (2008), Faver y Strand (2003), Henry (2004), Hensley y Tailichet (2005), Merz-Perez y Kathleen (2004), Mutuberría y Makowski (2009), Young (2012), Gullone (2014) y Hawkins (2019).

Al tratarse, por ejemplo, de investigaciones que buscan estudiar el fenómeno de CA durante la niñez, no resulta sencillo indagar sobre tal fenómeno en una población que tampoco tiene un concepto homogéneo. La *exposición a Crueldad Animal* se considera frecuentemente como un reactivo en las encuesta sobre bienestar y salud infantil y es un elemento clave en este tipo de análisis debido a sus implicaciones para un sano desarrollo (Boat, 2014).

Santiago (2013) hace mención del término "maltrato" y se apoya de definiciones sencillas como la propuesta por la Real Academia Española definiendo el maltrato como "acción y efecto de maltratar, es decir, tratar mal a alguien de palabra u obra" y cita también algunas reflexiones propuestas por Ascione, en 1993, con algunos componentes más:

> El maltrato comprende comportamientos que causan dolor innecesario o estrés al animal, siendo éstos desde conductas negligentes en los cuidados básicos, deteriorando su calidad de vida, hasta aquellas que causan la muerte de manera intencional (Ascione, 1993, en Santiago Fernández, 2013).

Santiago también propone una clasificación en la que el *maltrato directo* se aproxima o coincide en mayor parte con el término *crueldad*:

- Maltrato directo o intencional. Se lleva a cabo mediante conductas agresivas y violentas como la tortura o mutilación, que puedan dar lugar, en casos extremos, a la muerte del animal.

- Maltrato indirecto. Se realiza por medio de actos negligentes respecto a los cuidados básicos que el animal necesita, como provisión de alimentos, refugio y de atención veterinaria adecuada, incluyendo el abandono.

Al tratarse de Crueldad Animal y su aplicación en estudios sobre su relación con otras formas de violencia social, las investigaciones han integrado en sus procesos de análisis, de manera textual, algunas formas específicas con el objetivo de facilitar su identificación en distintos niveles. Por ejemplo, en algunas encuestas sobre formas de Crueldad Animal se han presentado opciones tales como:

- Matar a una mascota

- Matar a un animal callejero o silvestre

- Lastimar o torturar a un animal para causarle dolor

- Tocar a un animal sexualmente

- Mantener relaciones sexuales con un animal

Hensley y Tallichet (2008) refieren ejemplos también específicos como asfixiar, golpear, patear, disparar, ahogar o quemar. Para Ascione (1993, en Pagani, et al., 2010), la distinción entre conductas aceptables o no aceptables depende de factores socioculturales que pueden cambiar con el curso del tiempo y de acuerdo con el contexto social (Acharya, K.P. & Wilson, R.T., 2020).

Algunas propuestas sobre la definición de CA descartan prácticas socialmente aceptadas, como el sacrificio humanitario de animales de consumo, la cacería o el uso de animales en investigación, así como aquellos actos que no tienen cómo intención ulterior dañar (Flynn C. P., 2012). Sin embargo, la cuestión ética mantiene un camino de construcción sobre las consideración de los animales y su capacidad de sentir miedo, dolor, sufrimiento, incluso la preferencia nata por la vida y supervivencia (Macer, D., 2019).

En lo general, CA remite a la idea de que estos actos tienen como fin causar dolor o sufrimiento relacionado, además, a una importante gama de motivaciones entre la ira y la satisfacción (Hensley & Tallichet, 2005). Abordar una definición parece alcanzar otro tipo de complicaciones. Se ha mencionado que se trata de la búsqueda continua por objetivar un fenómeno cargado de componentes morales que, para algunos, rebasa un enfoque biológico para transitar hacia su enfoque social o filosófico (Mayes, 2009).

2.2 El concepto *Crueldad Animal* en el marco legal y normativo en México

México cuenta con un marco legal y normativo vasto en materia de bienestar animal[2]. Desde aquellos instrumentos internacionales hasta los aplicables únicamente a contextos locales, la protección a los animales en el ámbito legal se ha convertido ya en un tema de actualidad (Waldin, 2020). Sin embargo, a pesar de la existencia de una gama amplia en este sentido, en pocas ocasiones se puede observar la inclusión del término CA y, aún con menor frecuencia, su definición.

Se dice que, si bien la cultura define las leyes, las leyes definen simultáneamente el modo en el que se construye la cultura (Lockwood, 1999). Por lo tanto, el marco legal y normativo refleja, a su vez, una postura ética y moral de la sociedad respecto a su entorno social, natural o un fenómeno en particular como sería la relación de los seres humanos con los animales. Así, tanto su contenido como sus omisiones podrán repercutir en la aceptación o exclusión de actos, independientemente de que caigan o no

---

[2] El bienestar animal como ciencia se encuentra definido como el estado de un animal en relación a las condiciones en las que vive o muere (Aluja, 2011). Se basa, originalmente, en el principio de las cinco libertades que pueden garantizar el estado de bienestar de un animal en condiciones de cuidado humano. Sin embargo, aunque este concepto es frecuentemente citado en el marco normativo, no tiene relación alguna con una definición clara sobre lo que sería un acto de Crueldad Animal. Todo aquello que sea contrario a las cinco libertades o los estados mentales de un animal podría considerarse como una situación de maltrato, no así, como un acto de crueldad.

en la definición de *crueldad* (Dichter, 1978), lo que implica en sí una dificultad para legislar o reglamentar sobre hechos específicos, como lo ejemplifica González (2017) en su artículo sobre las carreras de galgos en Argentina, o el debate ético que persiste en las carreras de caballos (Wilson, B.J., Thompson, K.R. & McGreevy, P.D., 2021).

El concepto *bienestar animal* deriva de un proceso histórico que empezó en los años 60s y no fue sino hasta que se hicieron de conocimiento público las condiciones de maltrato animal en el sector productivo (Woods, 2012) que la Organización Mundial de Sanidad Animal —WOAH, por sus siglas en inglés— lo incorpora como un elemento importante para la salud pública. Sin embargo, regular o hablar sobre bienestar animal no ha implicado necesariamente integrar un concepto de CA y éste, como ya se ha mencionado, pocas veces se puede encontrar de manera explícita.

La WOAH enfatiza y reconoce que la Crueldad Animal está ligada al contexto social y cultural, por lo tanto, prioriza retomar el bienestar animal como base de las directrices que salvaguarden el estado de salud de los animales, ligado esto a su impacto en la salud pública. Afirma:

> La percepción de lo que es el bienestar animal y de lo que constituye o no un acto de crueldad con los animales difiere entre las distintas regiones y culturas. La base científica de las normas de bienestar animal de la WOAH proporciona el

fundamento que permite alcanzar un consenso entre todos los Países Miembros para apoyar su adopción.

Además, las normas sobre el bienestar animal implican nociones de ética veterinaria y análisis técnicos y científicos, considerados un ámbito de competencia particular. Por lo tanto, es prioritario integrar el bienestar animal como disciplina esencial en el currículo veterinario, al igual que promover la investigación aplicada como la base científica de las normas y reglamentos en la materia (Organización Mundial de Sanidad Animal, 2015).

Para el caso de México, la institución pública a cargo del bienestar de los animales domésticos es la actual Secretaría de Agricultura y Desarrollo Rural (SADER, antes SAGARPA). De acuerdo con el artículo 3o de la *Ley Federal de Sanidad Animal*: "La Secretaría es la autoridad responsable de tutelar la sanidad y el bienestar animal". Sin embargo, ni en esta misma Ley, hasta su última reforma en el año 2022, ni en su reglamento, se integra una definición de *maltrato* o *Crueldad Animal*.

Por su parte, también con aplicación en todo el país, la Ley General de Vida Silvestre, en su artículo 3o, fracción X, define *crueldad* como:

Acto de brutalidad, sádico o zoofílico contra cualquier animal, ya sea por acción directa, omisión o negligencia.

Valdrá la pena, para este caso, hacer mención de la definición de *maltrato* establecida en la fracción XXVI del art. 3ro en donde se considera que:

> Todo hecho, acto u omisión del ser humano, que **puede ocasionar dolor, deterioro físico o sufrimiento,** que afecte el bienestar, ponga en peligro la vida del animal, o afecte gravemente su salud o integridad física, así como la exposición a condiciones de sobreexplotación de su capacidad física con cualquier fin.

En la primera definición se hace referencia a los términos *brutalidad, sádico* y *zoofílico,* mismos que en sí implican la intencionalidad o desahogo de emociones asociadas como la ira o la saciedad. Por otra parte, la definición de *maltrato* hace referencia a actos o hechos que pueden causar daño, pero que no implican necesariamente un deseo por tal efecto.

Cabe mencionar que esta Ley aplicaría únicamente para ejemplares de vida silvestre, como lo establece la fracción XLIX del mismo artículo: "Los organismos que subsisten sujetos a los procesos de evolución natural y que se desarrollan libremente en su hábitat, incluyendo sus poblaciones menores o individuos que se encuentren bajo el control del hombre así como los ferales" (Ley General de Vida Silvestre, 2018). La Ley de Protección a los Animales de la Ciudad de México, en su artículo 4o, fracción XXI, integra la misma definición de crueldad que la Ley General de Vida Silvestre, así como para el término maltrato en la fracción XXVIII del mismo artículo.

En el capítulo VII del "Trato Digno y Respetuoso a los animales", artículo 24, se mencionan ejemplos para actos de crueldad y maltrato:

- Causarles la muerte utilizando cualquier medio que prolongue la agonía o provoque sufrimiento;

- El sacrificio de animales empleando métodos diversos a los establecidos en las normas oficiales mexicanas y, en su caso, las normas ambientales;

- Cualquier mutilación, alteración de la integridad física o modificación negativa de sus instintos naturales, que no se efectúe bajo causa justificada y cuidado de un especialista o persona debidamente autorizada y que cuente con conocimientos técnicos en la materia;

- Todo hecho, acto u omisión que pueda ocasionar dolor, sufrimiento, poner en peligro la vida del animal o que afecten el bienestar animal;

- Torturar o maltratar a un animal por maldad, brutalidad, egoísmo o negligencia grave;

- No brindarles atención médico veterinaria cuando lo requieran o lo determinen las condiciones para el bienestar animal;

- Azuzar a los animales para que se ataquen entre ellos o a las personas y hacer de las peleas así provocadas, un espectáculo público o privado;

- Toda privación de aire, luz, alimento, agua, espacio, abrigo contra la intemperie, cuidados médicos y alojamiento adecuado, acorde a su especie, que cause o pueda causar daño a un animal;

- Abandonar a los animales en la vía pública o comprometer su bienestar al desatenderlos por períodos prolongados en bienes de propiedad de particulares.

El marco normativo, en materia de protección a los animales, en México, ha intentado avanzar en los últimos años a la par de las demandas sociales. En lo que refiere a una definición precisa sobre lo que pueda o no considerarse un acto de crueldad o maltrato animal, así como sus diferencias, se podrá observar una intención de equiparar los conceptos con diferencias sutiles como *la posibilidad de causar daño*. Por otra parte, aunque no se descaran totalmente, la atención a las corridas de toros o novillos, charreadas, o eventos similares, se realizará únicamente a petición o denuncia ciudadana ante el Juzgado Cívico.

2.3 Aproximación filosófica a la definición de *crueldad*

La CA tiene implicaciones en distintos ámbitos de la vida de los seres humanos. A pesar del aparente poco grado de inclusión explícita, su relevancia en el ámbito legislativo no queda de lado. Una nueva definición de CA, en el ámbito legislativo, poco a poco se va consolidando como resultado de la demanda social que exige una mejor y más amplia protección jurídica para los animales (Leyton Donoso, 2008).

Existen otros enfoques de análisis y reflexión respecto a lo que CA es o representa para las personas, ya sea como actos propiamente humanos, contrarios a la esencia de éstos o lo que para otros puede llegar a ser una manifestación inconsciente de la satisfacción por la muerte (Nutall, 1996). La CA, como un acto humano y social, no puede ser comprendida desde un enfoque único. En este sentido, Zuleta (2010) cita a Nietzsche: "Es una simpleza y

una ingenuidad, si no una enfermedad mental o un idio-
tismo, pensar que sólo existe una interpretación correcta
del mundo" (Pardo, 2010).

En la búsqueda de una definición se puede llegar a
encontrar una equivalencia entre *crueldad* y *violencia*, en
el texto de Marcela Perelman, titulado *Algunas definiciones
sobre la violencia: usos y teorías*, se puede encontrar:

> La Real Academia Española define la condi-
> ción de -violento- con muy diversos sentidos,
> que incluyen -estar fuera de su natural estado-,
> obrar -con ímpetu y fuerza-, hacer -con inten-
> sidad extraordinaria- y ejecutar -contra el modo
> regular o fuera de razón y justicia. La etimo-
> logía de –violencia- indica que el vocablo es
> tomado del latín, violentĭa y violentus, derivado
> de vis, que significa –fuerza-, -poder-, -violencia.
> (Corominas, 2003 en Perelman 2007).

También menciona que, a su vez, el diccionario latín-español
Palladium señala que violentus también significa –cruel.

Coronel (2015) realiza una lectura sobre la crueldad
desde Freud y Nietzsche, de la cual se podrán extraer elementos constitutivos para su definición. Para Freud son "la
pulsión, la destrucción y la crueldad manifestaciones consti-
tutivas del ser humano. La solución de fondo es una puesta
por la cultura, pues todo depende del fortalecimiento del

intelecto". Para Nietzsche, el sufrimiento del otro produce bienestar y siempre será mayor el beneficio por hacer sufrir que sufrir uno mismo (Piña, 2015).

Baraz (1998) realiza un interesante abordaje sobre la noción de *crueldad* en las obras de Séneca. En la Edad Media, menciona, apenas se daban algunos pasos respecto a las reflexiones sobre la crueldad: Tomás de Aquino lo hizo en su tratado *Suma Teológica*. Su análisis se desarrolla en las obras de Séneca (*De Clementia* y *De Ira*) y hace mención de que, en un intento por definir los límites de aplicación de la justicia, Séneca proponía un modelo para evaluar la moralidad del ejercicio y aplicación de la justica. Pensaba que la conducta virtuosa transitaba entre dos aspectos: *clementia–severitas*. Así, podrían transitar hacia dos extremos la *misericordia*, que equiparaba con perdón irracional del castigo, y por el otro lado *crudelitas,* un castigo exagerado o irracional.

> Es crueldad, nada más que brutalidad de la mente al exagerar un castigo. Hay quienes son crueles (no por castigo), aquellos que matan extraños, no por ganar si no por matar, y no contentos con matar, son salvajes (saeviunt).

> Eso en realidad es crueldad (crudelitas), aquel que encuentra placer en la tortura podemos decir que es feroz (feritas), quien disfruta es salvaje (saevitia), incluso loco (insania).

En su primera obra, *De clementia*, la crueldad se define como el placer de causar sufrimiento en otros, hace mención de otros términos:

> Crueldad (*crudelitas*), disfrutar la sangre y las heridas es realmente una bestialidad.

Téllez-Maqueo (2021) hace algunas reflexiones sobre la ira en términos de Tomás de Aquino: "Aunque Tomás no llega a concebir la ira como una enfermedad del alma, (…) reconoce que es algo, al igual que las enfermedades físicas, que perturba la parte corpórea del ser humano".

Camille Dumoulié (1996), en su obra *Nietzsche y Artaud*, realiza una lectura de algunas concepciones sobre la crueldad. Si bien esto no se hace en torno preciso a la CA, pueden considerarse aportaciones interesantes con el fin de contar con una noción integral. En el capítulo "Aristóteles a Schopenhauer: Historia de un exceso" presenta algunas reflexiones que derivarán en un intento por comprender lo que la crueldad es y representa para el ser humano. "El animal sin conciencia ni libre albedrío, no puede ser considerado cruel. La bestia feroz obedece a su instinto, sin sentir placer al ver ni al hacer sufrir" (Dumoulié, 1996).

Esta primera reflexión dirige a la idea de que la crueldad, entonces, es humana y resulta de un acto propio, y su motivación viene del placer o satisfacción al ejercerlo.

Aristóteles considera que la crueldad no corresponde al ser humano y es sólo una bestialidad, lo que hace pensar a Dumoulié (1996) que los hombres que se entregan a la crueldad no son verdaderamente hombres, o que es propio de una condición patológica.

> Cuando Aristóteles enumera ciertos actos de crueldad físicos y psicológicos considera que son manifestaciones exteriores a lo humano. Por lo tanto, no corresponden a la moral y no consisten en una forma de perversidad en sentido propio, puesto que ese término aplica sólo a la esencia de hombre.

> La crueldad se explica pues como bestialidad, enfermedad o locura. Por tanto, no pertenece a la categoría ética de la maldad, por lo que la definición aristotélica nos pone frente a una contradicción en que la crueldad misma se pierde y se desvanece cualquier sujeto de la crueldad, puesto que no puede ser atribuida ni al hombre ni al animal en cuanto tales.

> La crueldad ocupa una región intermedia como si la aceptación de la crueldad en el orden humano pusiera en peligro la idea de la naturaleza humana (Dumoulié, 1996).

Baraz (1998) hace mención de esto a través de la filosofía de Schopenhauer. Para él, la crueldad representa y es consecuencia de una voluntad que se expresa sin restricciones, es señal de una voluntad con exceso, y propiamente humana, una característica "reveladora de la naturaleza del Ser", lo que para Aristóteles era más que rechazado.

Cuevas y Granados (2011) presentan la crueldad —aunque no propiamente contra los animales— como un fenómeno "doblemente humano". Argumentan que es una característica propia de la configuración psicosocial del ser humano asociada al placer, lo que otorga a estos actos un fin propio del ser. Podría, incluso, llegar a considerarse una expresión innata del ser humano que responde a eventos atravesados, lo psíquico, social y cultural, resultando en comportamientos más complejos.

> Finalmente podemos sustentar que la crueldad es un fenómeno doblemente humano, en el sentido en que: por un lado, la agresión placentera si bien tiene un sustrato innato instintivo-pulsional, no se observa dentro de las lógicas agresivas de otras especies. Nuestra agresividad está atravesada por los símbolos, significados y finalidades propias de cada contexto sociopolítico y cultural. Por otro lado, la crueldad es un juego del lenguaje, un concepto inventado por el ser humano con el fin de expiar como ya sabemos, ciertos comportamientos de su autodefinición, pero especialmente, para negar lo humano en la idea de experimentar placer en la agresión, humillación o destrucción del otro

(sea otro ser humano, un animal o el medio ambiente en general).

En su artículo "Clarifying the Concept of Cruelty: What Makes Cruelty to Animals Cruel", Tanner considera dos aspectos que no deben faltar en el análisis de la crueldad: el descriptivo y el evaluativo. El primero hace referencia a la capacidad de sentir dolor y sufrimiento — lo que resulta innecesario en medida de lo que percibe el animal —, y esto es suficiente para considerar que tales actos no tienen justificación moral. En este sentido, se puede considerar que un acto de crueldad implica necesariamente tales efectos.

El aspecto evaluativo o de cualificación refiere que cuando algo parece ser cruel entonces es algo que no debe suceder, es decir, no sólo lo que el acto es, sino cómo es percibido por la sociedad (Tanner, 2015). Este autor define *crueldad* como causar dolor o sufrimiento innecesario, justificados sólo si el fin moral también lo hace, manteniendo ambos en el mínimo nivel y si los beneficios superan el "costo".

Para Mayes (2009), la idea de trabajar con un concepto como el de *crueldad* implica hacerlo en términos que puedan satisfacer las necesidades de las ciencias. Se debe optar por una definición lo suficientemente flexible para integrar aspectos evolutivos, conductuales y neurológicos. Esto, menciona el autor, no se facilita asumiendo *a priori* si la crueldad es propiamente humana o una perversión de la naturaleza humana.

Mientras que la CA continúa siendo objeto de reflexión en las ciencias de la salud, las necesidades sociales han obligado a la construcción de un marco legal y normativo que, pese al proceso epistemológico, establezca una definición sobre los actos de crueldad humana. El marco legal del contexto nacional opta más por una definición práctica y con ejemplos, disminuyendo así la posibilidad de objeciones en torno a los actos.

En este sentido, es interesante contemplar el hecho de que el modo en el que se conceptualizan los actos de CA implica una división entre aquellos actos que pudiendo ser considerados crueles en sí mismos no lo son debido a su aceptación social y que esto es susceptible de cambiar con el tiempo de acuerdo con las exigencias sociales.

Este cambio en el modo de definir lo que puede o no ser un acto cruel se encuentra ligado entonces no al acto en sí mismo, sino a la concepción sobre el acto, tal y como también lo enfatiza Tanner (2015). Habrá ciertos actos que pueden ser concebidos como crueles, pero esto podrá estar sujeto en gran medida al interés social y la representación social de la relación del ser humano con los animales, incluso por especie.

A pesar de esta diversidad, es indispensable construir una definición que sirva de herramienta para la toma de decisiones. Es decir, lo que será necesario destacar son aquellas características que mitiguen los efectos negativos de los actos de crueldad tanto en términos de salud pública como de medio ambiente, entes cuyo abordaje competen a la bioética.

Resumen del capítulo

Como se ha podido observar, el concepto de Crueldad Animal ha sido abordado o aplicado desde distintos enfoques, en ocasiones con mayor pragmatismo, en otros casos con fines que permiten una reflexión más profunda respecto a los actos considerados como crueldad que ejerce el ser humano hacia otros congéneres o hacia los animales no-humanos.

Cuando este concepto es abordado desde las ciencias médicas, uno de los principales obstáculos al que se han enfrentado los investigadores de tales áreas es en la delimitación funcional y/o precisa del fenómeno de Crueldad Animal. Si bien estos actos podrían parecer fácilmente reconocidos para quienes se desenvuelven habitualmente en el ámbito, las dificultades se presentan al momento de trasladar el concepto a un entorno general que requiere la participación de cualquier otra persona ajena al área, misma que a su vez no logra precisar lo que implica o no un acto de Crueldad Animal.

Cuando la Crueldad Animal figura en un estudio psicosocial, y sus participantes no cuentan con una noción clara del concepto, necesariamente estas investigaciones requieran dar un paso atrás con el fin de precisar y repensar incluso el término para fines propios. En este mismo sentido, habrá ciertos actos que pueden ser concebidos como crueles, pero esto podrá estar sujeto en gran medida al interés social y la representación social de la relación del ser humano con los animales incluso por especie.

Al abordar la noción de Crueldad Animal desde una reflexión un tanto más filosófica, el proceso parece ser aún más complicado. No encontraremos un punto común de reflexión cuando la divergencia inicia desde el hecho de indagar sobre si la crueldad es un acto propio del ser humano sujeto al sentimiento de placer, un acto natural sujeto a un comportamiento innato o un acto que rebasa los límites de la esencia del ser humano y ligado a una condición patológica.

Finalmente, vale la pena destacar que, a pesar de esta diversidad **(Cuadro 1)**, es indispensable construir una definición que sirva de herramienta para la toma de decisiones. Es decir, lo que será necesario destacar son aquellas características de las que podremos sujetarnos para mitigar los efectos negativos de los actos de crueldad tanto en términos sociales, de salud pública y medio ambiente.

Por lo anterior, para fines de esta obra, se ha optado por construir una definición que incorpore los elementos suficientes y necesarios para uso en el contexto de la bioética entendiendo la Crueldad Animal como:

El acto humano cometido hacia un animal, motivado por el placer o satisfacción de causar miedo, dolor, sufrimiento o cualquier forma de distrés físico o mental, y que intencionalmente lo haga; que sea libre de coerción y voluntario; por acción u omisión; único, intermitente o prolongado.

En esta definición se considera:

- El acto humano cometido hacia un animal: lo que implica que se efectúa de manera consciente, libre y susceptible de valorarse como bueno o malo hacia un animal no-humano.

- Motivado por el placer o satisfacción de causar miedo, dolor, sufrimiento o cualquier forma de distrés físico o mental: por un lado, se debe reconocer que el placer o satisfacción asociados al sufrimiento del otro tiene importantes componentes psicosociales, propios de la complejidad del fenómeno, además de ser un componente sujeto a distintas aproximaciones filosóficas sobre la naturaleza de la crueldad como intrínseca o no del ser humano. Por otro lado, se reconoce la naturaleza sintiente de los animales, el hecho de que tienen experiencias positivas, negativas o situaciones de incomodidad que generan algún tipo de distrés.

- Es un acto intencional: en este sentido, la motivación no se presenta de manera aislada, sino que es suficiente para ser ejecutada.

- Libre de coerción y voluntario: ante la complejidad del fenómeno en términos sociales, se considera relevante que, para ser considerado un acto de crueldad, debe presentarse como una decisión libre en ausencia de circunstancias que obliguen a su ejecución.

- Por acción u omisión: lo que implica que tanto la ejecución de una acción como la omisión de una necesidad del animal puede ser considerada un acto de crueldad si se presenta en conjunto con el resto de elementos.

- Único, intermitente o prolongado: el tiempo de la acción podría no ser un elemento esencial, sin embargo, tan importante es el acto único y de corto plazo como aquel que pueda ser continuo y prolongado.

Cuadro 1: Resumen de elementos referidos por distintos autores sobre el concepto *Crueldad Animal*

Fuente	Intención	Efectos en el animal	Concepción	Víctima	Componente emocional	Se consideran ejemplos
Ascione, et al. (2009)	Intencional	Causa dolor, sufrimiento, distrés o muerte	Socialmente inaceptable	Sin especificar	x	x
Alleyne, et al (2017)	Intencional	Causa dolor, sufrimiento, distrés o muerte	Socialmente inaceptable	Sin especificar	Causa satisfacción en el perpetrador	x
Santiago (2013): Se retoma definición de maltrato intencional	Intencional / Negligente	Causa dolor físico, dolor innecesario o muerte intencional	Sin especifica.	Sin especificar	Conducta agresiva o violenta	x
Hensley y Tallichen (2005)	Intencional	Causa dolor y sufrimiento	Sin especificar	Sin especificar	Causa satisfacción en el perpetrador, se origina en la ira	x
Felthus y Kellert (1987)	Intencional y repetido	Dolor innecesario	Sin especificar	Animal vertebrado	x	x
Brown (1998) (Crueldad positiva o negativa)	Intencional / Negligente	Sufrimiento, distrés o dolor físico	Sin especificar	Ser sintiente	x	x
Vermeulen y Odendal (1992)	Intencional, repetido o único	Dolor físico o psicológico	Sin especificar	Sin especificar	Es malicioso	x
Ley General de Vida Silvestre	Intencional, por omisión o negligencia	Afecta su bienestar, causa sufrimiento, dolor, muerte, deteriora su calidad de vida	Sin especificar	Sin especificar	x	Acto de brutalidad, sádico o zoofílico
Ley de Protección a los Animales del Distrito Federal	Intencional / Negligente	Afecta su bienestar, causa sufrimiento, dolor, muerte, deteriora su calidad de vida	Sin especificar	Sin especificar	x	Azuzar animales para pelea
Perelman (2007)	Sin especificar	Sin especificar	Fuera de la razón y la justicia	Sin especificar	Violento	x
Coronel Piña (2015)	Sin especificar	Hacer sufrir	Constitutiva del ser humano	Sin especificar	x	x
Baraz (1998)	Sin especificar	Castigar (por castigar), matar, dañar, hacer sufrir	Sin especificar	Sin especificar	Placer de causar sufrimiento	x
Dumoulié (1996)	Libre y consciente	Sin especificar	Sin especificar	Sin especificar	Causa placer o satisfacción al perpetrador	x
Aristóteles en Dumoulié (1996)		Sin especificar	No corresponde al ser humano ni a la categoría ética de maldad o bondad	Sin especificar	Es una bestialidad de posible origen patológico	x
Shopenhauer en Baraz (1998)	Voluntario	Sin especificar	Voluntario, humano y propio del ser humano	Sin especificar	x	x
Cuevas y Granados (2001)		Sin especificar	Concepto inventado para justificar algo que es propiamente humano	Sin especificar	x	x
Tanner (215)	Sin especificar	Dolor o sufrimiento innecesarios	Justificación moral (socialmente inaceptable)	Sin especificar	x	x

Capítulo

3

Crueldad Animal, ¿problema de bienestar animal o problema de bienestar social?

La Crueldad Animal trasciende el acto en sí hacia efectos más complejos relacionados con el desarrollo del ser humano y es precisamente la Bioética Aplicada una de las herramientas que nos brinda la posibilidad de reflexionar y analizar este fenómeno y sus múltiples conexiones entre la salud animal, la salud humana y la salud ambiental.

Entre las distintas conexiones que han cobrado mayor interés está aquella que existe entre la Crueldad Animal con múltiples formas de violencia social. Con el tiempo, los estudios sobre CA —desde la psicología, psiquiatría, criminología, entre algunas otras ciencias— han sido foco de atención debido a su relación con diversas manifestaciones de violencia en distintos niveles (Mutuberría & Zamora, 2009; Santiago, 2013). Cada vez se investigan con mayor detalle y se han hecho evidentes las implicaciones de este fenómeno con casos de violencia dentro del núcleo familiar y otras formas de relaciones sociales (Unti, 2008; Flynn, C.P., 2001), es así que, de hecho, es considerado ya un indicador asociado a otras formas de violencia social con implicaciones de mayor gravedad.

Tan solo para tener idea del alcance de esos hechos, se ha reportado ya que la exposición a distintos eventos o formas de CA durante la niñez contribuyen a los cimientos de formas más complejas de violencia e inestabilidad social. Como ejemplos de lo anterior se pueden mencionar: los actos de CA ejercidos durante la niñez —sean o no intencionales—, la CA como forma de amenaza en núcleo familiar —junto a la manifestación de otras formas de violencia dentro del hogar—, la CA como método de desensibilización de menores que serán integrados a la delincuencia organizada; todas ellas formando parte de la cotidianidad social (Flynn, C.P., 2012; Connor, M., Currie, C. & Lawrence, A.B., 2021).

La CA fue incorporada como un criterio de diagnóstico de desórdenes de conducta en el *Manual de Diagnóstico y Estadística de Trastornos Mentales* —DSM, por sus siglas en inglés— (Ascione, 2008). Desde los años 60s, la comunidad psiquiátrica tomó en consideración la CA en la niñez como un factor de riesgo para cometer violencia hacia las personas (Holoyda, B. & Newman, W, 2016) y se ha demostrado en distintas ocasiones cómo la exposición a actos de CA en la niñez tiene relación con la salud mental, emocional y el grado de estrés al que un niño puede estar expuesto en el entorno familiar (Boat, 2014; Becker & French, 2004).

La Crueldad Animal ejercida por niños se ha colocado como un predictor estadísticamente significativo de la violencia interpersonal y la delincuencia. Niños o adolescentes bajo fuerte influencia del contexto demográfico pueden manifestar disposición a ejercer actos de crueldad por varias motivaciones como la ira, la frustración o en búsqueda del reconocimiento en su círculo social, y se ha detectado su fuerte relación con otras formas de violencia (Henry, 2004; Walters, G.D., 2019; Gomes, D.L.B., et al., 2021; Trentham, C.E., Hensley, C. & Policastro, C., 2018). Se ha encontrado también que existe relación entre los castigos corporales que sufren niños o adolescentes y el hecho de que éstos tiendan a manifestar conductas de violencia, entre ellas, los actos de CA (Flynn, C.P., 1999). Estudios con poblaciones juveniles en centros de prevención del delito han demostrado que quienes cometen actos de CA son propensos a perpetuar actos delictivos en distintos ámbitos como relacionados con drogas, desorden público o manifestar otros comportamientos antisociales (Ascione F., 2001). También ha sido puesto en evidencia que jóvenes universitarios, quienes durante su infancia habían efectuado algún acto de abuso o CA, muestran una predisposición a la aprobación de otras formas de violencia intrafamiliar, ya sea contra niños o violencia de género, lo que muestra una relación entre la CA y la aceptación de distintas formas de violencia social hacia los miembros más vulnerables en la familia (Flynn, C.P., 1999; Caravaca-Llamas, C., 2022). La CA prevalece como un método de amenaza y violencia en el entorno familiar, siendo los animales de compañía objetos y víctimas de tales actos (Riggs, D.W., et al., 2021).

Aunque podrían considerarse aún escasos los estudios, continúa emergiendo evidencia de que niños expuestos a actos de maltrato o crueldad a los animales de compañía se asocian con el desarrollo trastornos psicopatológicos en la edad adulta (McDonald, et al., 2017) o la eventual manifestación de actos de acoso o abuso entre jóvenes (Gullone & Robertson, 2008). Estudios, como el de Ford, et al. (2020), se han acercado a mostrar que los actos de CA también tienen relación con distintos resultados de una infancia desadaptativa, como la ansiedad social o el apego evitativo, así como lo describen también Longobardi, C. y Badenes–Ribera, L. (2019). Hay evidencia de que la CA durante la niñez o adolescencia tiende a co-ocurrir en asociación con otros casos, como abuso emocional físico o sexual y delincuencia juvenil.

Aunque no siempre parece ser clara la dirección que tienen los eventos, es decir, si la exposición de los niños a la CA la promueve y la normaliza o si un contexto violento hacia los niños genera la CA (Johnson, S.A., 2018), esto requiere un abordaje a través de herramientas que sean capaces de integrar la complejidad del fenómeno desde un enfoque transdisciplinario (Jegatheesan, B., et al., 2020), es un hecho que debe considerarse un importante indicador y no puede pasar inadvertido o desatendido en términos de violencia social.

Un segundo factor a considerar, en términos de salud pública, y que trasciende de la violencia social a la esfera ecosistémica, es aquella que tienen que ver con la salud humana, la salud animal y salud ambiental. Estos elementos se encuentran en intercambio continuo de factores que construyen el ciclo de una parte importante de enfermedades que ponen en riesgo la vida de las personas, por lo que sería natural pensar que una mala relación entre estos elementos culminará por manifestarse en fenómenos de importancia médica.

De acuerdo con la Organización Mundial de Sanidad Animal, más del 60% de enfermedades infecciosas en los seres humanos son de tipo zoonótico, es decir, se comparten entre animales y humanos (OIE, 2019).

Tanto los animales son capaces de transmitir enfermedades infecciosas a los seres humanos (zooantropozoonosis), como los seres humanos a los animales (antropozoonosis), así también pueden existir agentes infecciosos que se comparten entre ambos (anfizoonosis). Esta relación natural en la ecología de las enfermedades amerita que la sociedad considere un trato necesariamente responsable con los animales en razón de los riesgos para la salud pública.

Con el paso del tiempo, los animales de compañía se han convertido en miembros del núcleo familiar, sin que esto implique necesariamente velar por su estado de bienestar desde el punto de vista científico o técnico —más allá del subjetivo—, haciéndolos susceptibles a conflictos familiares y sociales. A pesar de que se ha reconocido su beneficio en la salud mental y emocional de las personas (Chomel, B. & Sun, B., 2011) continúan siendo vulnerables y, por lo tanto, deben ser protegidos y atendidos con vehemencia.

La estrecha relación entre animales, humanos y el medio ambiente, amerita un abordaje integral que permita hacer evidente e inteligible la responsabilidad que, como ser humano, se tiene ante el bienestar y salud de los animales. "Una salud" es un concepto emergente que demanda el análisis, comunicación y colaboración interdisciplinaria capaz de construir respuestas complejas a problemas complejos para proteger la salud de un modo transversal (Rabinowitz, P.M., et al., 2017; D'Angelo, D., et al., 2020).

Quizás el ejemplo más evidente de los riesgos de salud a los que los seres humanos están expuestos como resultado de una mala relación con los animales de compañía sería el rabdovirus, causante de la rabia —un padecimiento de etiología vírica con tropismo por el sistema nervioso que produce encefalomielitis aguda, llevando a las personas infectadas a una muerte segura. El descontrol de esta enfermedad en el ámbito de la salud pública no respondería a otra situación que a la falta de atención en los programas integrales de bienestar animal y salud pública o una modificación importante de la salud de los ecosistemas (Rock, M. & Degeling, C., 2017).

Si bien se trata de un agente infeccioso que circula de manera natural en los ecosistemas —existiendo, por tanto, algunos reservorios en vida silvestre—, para el caso de seres humanos la estrecha relación con los animales de compañía obliga a los sistemas de salud a actuar de manera categórica en el control de esta enfermedad. La OMS declaró a México, en 2019, "libre de rabia transmitida por perros", ya que no se ha presentado algún caso de rabia humana. Esto amerita la adopción de medidas en las esferas de salud pública, educación, legislación y bienestar animal que garanticen la permanencia de tal estado para su erradicación.

Se ha demostrado el importante papel que juegan los animales de compañía como vectores de enfermedades zoonóticas, tales como leishmaniosis, borreliosis, ehrlichiosis, rickettsiosis y anaplasmosis (Day, 2011). Las zoonosis asociadas a la falta de atención a la salud animal o un manejo negligente es un llamado más a tomar atención sobre la importancia de la relación entre humanos y animales (Dantas-Torres, et al., 2012; Grace, et al., 2012). No hay que olvidar que gran cantidad de agentes patógenos se encuentran dispersos, se transportan y desarrollan en huéspedes animales que no están bajo cuidado humano o están en condiciones de abandono, lo que los convierte en focos de riesgo (Hensel & Arenas-Gamboa, 2018). Brucelosis, leptospirosis o rabia son ejemplos de enfermedades zoonóticas presentes en animales en situación de calle.

El interés dado al bienestar animal en la esfera de la salud pública parece aún insuficiente y, en ocasiones, ausente.

Cuando es el caso, es usual resaltar el hecho de que los animales son causas asociadas a los daños a la salud, sin embargo, aún es mucho menor la reflexión puesta sobre el trato que los humanos dan a los animales y su relación con gran cantidad de problemas de salud pública que se enfrentan actualmente (Akhtar, 2016).

Epidemias y pandemias han sido el centro de atención en la investigación de enfermedades infecciosas emergentes zoonóticas que se han originado en distintas partes del mundo: la dinámica social, la salud animal y la salud humana requieren necesariamente un abordaje integrado (Yadav, et al., 2020). Eventos tan específicos cargados de falta de información, como la pandemia por COVID-19, también se han convertido en factores que resultan en abandono, aislamiento, sacrificio u otras formas de maltrato o crueldad hacia los animales de compañía, ya sea por temor a posibles riesgos o siendo víctimas de estados de frustración de las personas manifestados en distintas formas de violencia en los núcleos familiares (Jawad, H., 2020). Todo ello sin dejar de lado el extremo opuesto de la sobreprotección, los problemas conductuales en los animales de compañía como resultado del aislamiento social como el hiperapego, problemas relacionados con la separación o diversas manifestaciones de conductas de agresión por las mismas causas.

Cada acto de CA, sea por acción u omisión, voluntario o como un acto que no responde a la razón, aceptado o no en la esfera social y considerado o no en un marco legal, es parte del papel que las personas han adoptado frente a los animales, razón por la que no deben extrañar las consecuencias manifestadas en un mismo sentido, con impactos a la salud y bienestar humano.

Los actos de CA, así como cualquier otra forma de relacionarse con el entorno, impactan y representan la manera en la que los humanos definen cada uno del resto de componentes en la naturaleza y la sociedad, reflejan el significado que las personas han construido o están construyendo de ellas mismas respecto a las demás y, en algunos casos, sin considerar las consecuencias de ello. Una salud es la postura epistemológica que ha optado por aproximarse al estudio de la relación entre la salud pública, salud animal y salud ecosistémica (Lerner & Berg, 2017; Piotr, 2019). Un enfoque para nada alejado por retomar y comprender cómo la CA es también un tema de interés con el objetivo de construir una mejor relación con el entorno. Es un hecho que en un mundo en constante dinamismo y crecimiento de las poblaciones humanas y con la rapidez de los cambios ambientales, la relación entre estos tres componentes es cada vez más evidente (Rabinowitz & Conti, 2013).

No se puede negar que, desde el punto de vista biológico, los seres humanos son una especie más entre la biodiversidad del planeta, y, sumado a ello, las similitudes —quizás tanto como las diferencias— que comparten con el resto de los organismos provee información relevante cuando se trata de temas de salud desde el punto de vista social y científico (Lerner & Berg, 2015).

El origen, reconocimiento y valoración de la CA responde, en gran medida, a condiciones sociales, culturales, económicas y políticos, marginación o pobreza (Molyneux, et al.; 2011). Por ejemplo, la estrecha relación entre los actos de CA en espacios donde convergen otras formas de violencia, como la intrafamiliar (Randour, et al., 2019), se apega a un enfoque sindémico, asociado al de Una salud, una manera de resaltar que la dialéctica de la salud animal, humana y ecosistémica van mucho más allá de un enfoque biológico y las ciencias sociales juegan ya un papel fundamental que puede y debe incorporar a su marco de análisis el bienestar animal y ecosistémica (Rock et al., 2009). Adoptar el concepto "Una salud" —o "Un bienestar", como también lo llaman— ayudaría a mejorar el bienestar animal y humano a nivel mundial.

El enfoque de Una salud ha cobrado mayor relevancia conforme se identifican los factores biológicos y sociales que intervienen en la salud colectiva. También promueve la consolidación de una nueva ética entre los profesionales de las ciencias de la salud, de modo que desarrollen las habilidades y competencias para integrar en sus procesos de reflexión y análisis aquellos componentes que originalmente podrían parecer lejanos: cultura, educación, economía: un enfoque integrado para una ética integrada (Nieuwland & Meijboom, 2020) —un reto también para las políticas públicas (Ascione & Shapiro, 2009; Furtado, et al., 2020). Es, pues, innegable la necesidad de contar con marcos de referencia que permitan considerar tanto principios de beneficio social como de bienestar animal (De Grazia, D. & Beauchamp, T.L., 2019).

Los actos de CA como fenómenos humanos no pueden ser separados de la constante y natural relación que se tiene con el resto de componentes del entorno. Salud animal, salud humana y salud ecosistémica son elementos que componen el todo que constituye al planeta. No se puede omitir, en términos biológicos y de salud pública, que la relación que se ha establecido con los animales —a través del proceso de domesticación— y con el ambiente en general, impactará de manera positiva o negativa según los actos que se cometan.

Resumen del capítulo

Los actos de CA, como fenómenos humanos, no pueden ser separados de la constante y natural relación que tenemos con el resto de componentes de nuestro entorno. Salud animal, salud humana y salud ecosistémica son elementos que componen el todo que constituye a nuestro planeta. No se puede omitir, en términos de salud pública, la relación que hemos decidido establecer con los animales — entre ellos a través del proceso de domesticación —y con el ambiente en general impactará de manera positiva o negativa en reflejo de nuestros actos.

La CA ha sido puesta sobre las mesas de análisis como un problema de violencia y de inestabilidad psicosocial, reflejo de la cultura, la educación, el progreso y la dinámica social. Las personas tenemos la responsabilidad y obligación moral responder ante las adversidades individuales o sociales a las que cada día se enfrentan.

Algunos ejemplos de lo que puede representar la CA, en términos de sociedad y más allá del propio acto, son: la violencia intrafamiliar, el abuso y maltrato infantil, la exposición a los actos de CA, el abuso y acoso a los más vulnerables y la aceptación social de formas de crueldad que la normalizan.

Los factores biológicos, invariablemente, ponen en riesgo la salud pública a través de enfermedades infectocontagiosas —algunas, incluso, pueden llevar a la muerte. Existen también situaciones en las que las poblaciones vulnerables convergen con pericias no solamente en materia de salubridad, sino también en educación, justicia, equidad; características que favorecen las condiciones para que la CA suceda.

La base para la procuración del bienestar animal está en su institucionalización y consolidación en el imaginario social para favorecer una relación responsable con los animales. Más allá de lo que puedan significar para los humanos en un sentido moral o ético, es necesario por su papel en la ecología de las enfermedades y la salud de los seres humanos.

Una salud es capaz de integrar y reconocer la salud animal, humana y ecosistémica como un mismo sistema, de entender que los factores sociales, económicos y culturales mantienen una relación estrecha con el entorno biofísico, y que las actividades humanas deben acompañarse de procesos reflexivos que analicen sus consecuencias. Los actos de CA no quedan de lado y los profesionistas de la salud juegan un papel primordial en la vigilancia del bienestar animal como un indicador más de riesgos a la salud pública en un espectro sumamente amplio.

Capítulo

4

Estado del marco normativo de la Crueldad Animal

Para el abordaje de un tema como la Crueldad Animal (CA) es necesario, como primer paso, haber reconocido ya el grado de complejidad que le es propio a este fenómeno como fenómeno social y como acto humano (Capó Martí, 2005), y, en este mismo sentido, debemos considerar imprescindible retomar el componente jurídico aplicable. Si bien es un fenómeno que traspasa fronteras físicas y políticas, tomaremos como ejemplo el marco legal aplicable a la Ciudad de México.

El componente legal desde y para la bioética aplicada a un fenómeno en particular es fundamental, en ella se establecen criterios construidos en marcos de moralidad que favorecerán o no la reproducción de ciertos actos humanos llevándolos a la normalización o al debate, desde la prohibición hasta las movilizaciones sociales (Shapiro, Z.E., 2017). Estas respuestas y dinámicas las podemos considerar naturales, resultados de la diferente velocidad en la que avanzan las demandas sociales, la reflexión ética o la respuesta en el ámbito normativo (Wolf, S.M., 2018).

La incorporación a la legislación de leyes que buscaron promover la protección a los animales daba sus primeros pasos en 1945 en el Estado de México con la Ley Protectora de Animales y que en 1985 fue sustituida por la Ley Protectora de Animales del Estado de México, misma que permaneció sin cambios hasta 1997, cuando se modificó lo referente a las autoridades competentes (Alvarado Flores, 2016) y abrogada en 2006.

En México se ha desarrollado el marco de protección a los animales desde mediados del siglo pasado. Hoy en día, todos los estados del país cuentan con una ley local proclamada que contempla el ámbito del bienestar animal, sin embargo, en algunos casos estas leyes no han estado sujetas a reformas que se ajusten a las exigencias o necesidades sociales actuales (Reyes Ortiz, 2015).

En los últimos años se presentó un aparente aumento en el interés por mejorar la normatividad encargada del cuidado y protección de los animales domésticos. Algunos estados han dado respuesta a las nuevas demandas y realizaron reformas importantes que ampliaron las facultades gubernamentales, consideraron la participación de organizaciones civiles, adoptaron estrategias como los fondos o fideicomisos ambientales, padrón de mascotas, consejos ciudadanos, instalación de refugios para mascotas y, en algunos casos, la creación de policías especializadas en atención a delitos de CA y reformas a los códigos penales que buscan frenar tales conductas (Reyes Ortiz, 2015; Alonso, V. & Alvarado, R., 2018).

En general, uno de los objetivos del marco jurídico normativo específico en materia de bienestar animal es establecer las obligaciones de los propietarios de animales, las medidas correctas de aprovechamiento del recurso animal y sancionar aquellas conductas que ponen en riesgo la vida del animal, del medio ambiente o del ser humano (Reyes Ortiz, 2015). No obstante, la ausencia de una ley federal o general específica en materia de protección a los animales ha dificultado la homogeneización de criterios a considerar en favor de estos últimos, pero, en mayor medida, para beneficio de la sociedad (Alvarado Flores, 2016).

Constitución Política de los Estados Unidos Mexicanos

La *Constitución Política de los Estados Unidos Mexicanos* es la base de todo ordenamiento jurídico y del cual derivan o se promueven el resto de normas y leyes aplicables en el territorio (García Lopez, 2007). Por ello, es de tal relevancia que toda situación o acción que amerite ser regulada se encuentre presente y se fundamente en la *Carta Magna*.

Aunque, textualmente, en la Constitución no se hace referencia precisa a la protección de la salud y bienestar de los animales, se tiene por entendido — y así se define en el marco normativo en materia ambiental —que, al ser parte del entorno natural, recae en los animales parte del conjunto de normas ligadas al derecho a un medio ambiente sano y al derecho a la salud.

En México habían existido bases para la protección del entorno natural, pero fue hasta 1999 cuando se añadió al párrafo quinto del artículo 4to constitucional la protección del medio ambiente, con una reforma en 2002 que tuvo como punto de partida la relación entre salud y medio ambiente:

> Artículo 4to constitucional. Toda persona tiene derecho a un medio ambiente sano para su desarrollo y bienestar. El Estado garantizará el respeto a este derecho. El daño y deterioro ambiental generará responsabilidad para quien lo provoque en términos de lo dispuesto por la ley.

El mismo artículo menciona en el párrafo cuarto:

> Toda persona tiene derecho a la protección de la salud. La Ley definirá las bases y modalidades para el acceso a los servicios de salud y establecerá la concurrencia de la Federación y las entidades federativas en materia de salubridad general, conforme a lo que dispone la fracción XVI del artículo 73 de esta Constitución.

Dada la estrecha relación entre ambas esferas, la legislación en materia de salud también se relaciona con la salud o bienestar animal. Esto ocurre sin que necesariamente se hable o se haga referencia a la prevención o atención de los actos de CA.

Como antecedentes respecto a la protección del medio ambiente, se pueden mencionar también los artículos 25, 27 y 73 fracción XXIX-G, que han servido al propósito de protección del entorno natural o el medio ambiente.

> Artículo 25. Corresponde al Estado la rectoría del desarrollo nacional para garantizar que éste sea integral y sustentable, que fortalezca la Soberanía de la Nación y su régimen democrático y que, mediante la competitividad, el fomento del crecimiento económico y el empleo y una más justa distribución del ingreso y la riqueza, permita el pleno ejercicio de la libertad y la dignidad de los individuos, grupos y clases sociales, cuya seguridad protege esta Constitución.

Por su parte, el artículo 27 constitucional hace referencia a la adopción de medidas para el ordenamiento de los asentamientos humanos, establecer provisiones de reservas, tierras, agua y bosques, y el dominio sobre las áreas naturales de distribución en el territorio nacional, entre otros aspectos. Todo ello en favor del desarrollo equilibrado del país y para mejorar las condiciones de vida de la población rural y urbana.

Tratados y participación en organismos internacionales

Previo al abordaje de estos ordenamientos, vale la pena hacer mención de aquella iniciativa que pretendió en sí ser la de mayor alcance a nivel internacional, sin embargo, su incierto desarrollo no ha permitido que se le considere como un marco regulatorio de cumplimiento obligatorio ni cuenta con un análisis detallado que garantice que su aplicación sea compatible con la diversidad cultural global.

La *Declaración Universal de los Derechos de los Animales* es un documento proclamado en la UNESCO, por la Liga Internacional de los Derechos del Animal, el 15 de octubre de 1978, heredada por la actual Fundación Derecho Animal, Ética y Ciencia (Fondation Droit Animal, Éthique et Sciences, 2019). Se compone de 14 artículos, de los cuales el artículo 3ro, 6to y 8vo hace referencia a la prohibición de actos de crueldad o similares que causen dolor o sufrimiento innecesario en los animales (Fondation Droit Animal, Éthique et Sciences, 2019).

Aunque a nivel jurídico o normativo no exige cumplimiento alguno —pues no fue proclamado de manera oficial por la UNESCO—, sí se incorpora en algunos medios de comunicación digital oficiales nacionales de la Comisión Nacional de Áreas Naturales Protegidas para el caso de México.

Organización Mundial de Sanidad Animal

Constituida en sus inicios como la Oficina Internacional de Epizootias —Originalmente OIE y actualmente OMSA o WOAH por sus siglas en inglés—, se trata de la máxima organización a nivel internacional que busca la planeación y desarrollo de acciones intergubernamentales en materia de sanidad animal.

Entre sus misiones principales, la OMSA busca la creación de normas destinadas a prevenir y controlar las enfermedades animales, incluidas las zoonosis, con el objetivo de garantizar la seguridad sanitaria del comercio de animales y mejorar el bienestar animal. La OIE también retoma uno de los factores más importantes para la salud humana, ya que el 60% de los agentes patógenos que afectan al ser humano son de origen animal (OMSA).

México, como miembro de la OMSA desde su creación, el 25 de enero de 1924, es acreedor de una serie de compromisos que darán pie a su participación en acuerdos internacionales.

Para ello, la OMSA se sirve de sus comisiones especializadas cuyo objetivo es estudiar los problemas de epidemiología, prevención y control de las enfermedades de los animales que permitan la elaboración de propuestas normativas para los países miembros.

La Comisión de Normas Sanitarias para los Animales Terrestres está a cargo del *Código Sanitario para los Animales Terrestres*, que en su "Título 3.7 Bienestar de los Animales" se relaciona de manera implícita con la prevención de los actos de maltrato y Crueldad Animal (OMSA, 2006) y menciona:

Que las «cinco libertades» mundialmente reconocidas —vivir libre de hambre, de sed y de desnutrición, libre de temor y de angustia, libre de molestias físicas y térmicas, libre de dolor, de lesión y de enfermedad, y libre de manifestar un comportamiento natural— son pautas que deben regir el bienestar de los animales;

que las «tres erres» mundialmente reconocidas —reducción del número de animales, perfeccionamiento de los métodos experimentales y reemplazo de los animales por técnicas sin animales—son pautas que deben regir la utilización de animales por la ciencia; que el empleo de animales conlleva la responsabilidad ética de velar por su bienestar en la mayor medida posible.

Del mismo modo, existe el *Código Sanitario para los Animales Acuáticos* que, en el capítulo 7.1, retoma el concepto "bienestar" en el mismo sentido (OMSA, 2019):

La OMSA elaborará recomendaciones sobre el bienestar de los peces de cultivo (especies ornamentales excluidas) durante el transporte, sacrificio y destrucción con fines sanitarios aplicando los siguientes principios:

El empleo de peces conlleva la responsabilidad ética de velar por su bienestar en la mayor medida posible.

La evaluación científica del bienestar de los peces de cultivo abarca una serie de elementos científicos y de juicios de valor que deben tomarse en consideración conjuntamente y el proceso de esta evaluación debe ser lo más explícito posible.

Es importante hacer mención de que, a nivel internacional, la OMSA es la única organización que tiene como objetivo específico establecer los lineamientos de procuración de la salud y bienestar de los animales, considerando de manera implícita la prevención, anteponiendo en todo momento el estado de bienestar desde un enfoque técnico y científico, con el fin primordial de proteger todo un sistema de relaciones complejas entre la salud ecosistémica, animal y humana.

La OMSA tiene acuerdos de cooperación con un número importante de organizaciones tales como la Organización de las Naciones Unidas para la Agricultura y la Alimentación —FAO, por sus siglas en inglés—, la Organización Mundial de la Salud (OMS), la Organización Panamericana de la Salud (OPS), la Organización Mundial de Comercio

(OMC), el Banco Interamericano de Desarrollo, la Unión Internacional para la Conservación de la Naturaleza —IUCN, por sus siglas en inglés—, la Organización para la Cooperación y el Desarrollo Económicos (OCDE), entre muchas más.

Organización Mundial de la Salud

La representación de la OMS en México se creó en 1952 (OPS,2023) con la finalidad de:

> Aportar al desarrollo de las instituciones de salud; apoyar los esfuerzos nacionales y locales para el control y eliminación de las enfermedades infecciosas aún prevalentes; contribuir a la respuesta sanitaria que se está dando al envejecimiento de la población, el aumento de las enfermedades no transmisibles y a los riesgos derivados de hábitos de vida poco saludables.

El instrumento principal que orienta la labor de la OMS con cada Estado miembro es la Estrategia de Cooperación de la Organización Panamericana de la Salud, la cual propone las líneas de acción y prioridades con el objetivo de conciliar las disposiciones en materia de salud y desarrollo (Organización Panamericana de la Salud, 2015). De este modo, se convierte en un marco guía de la política pública que alcanza a tocar la adopción de medidas que procuren de una u otra forma acciones por el bienestar animal y la prevención de los actos de CA, por ejemplo, la falta de atención médica a un animal doméstico de compañía incluso si viviera en condiciones de calle.

La adopción de estrategias en materia de salud pública implica medidas asociadas al bienestar animal para el bienestar humano. Gracias el trabajo interinstitucional, desde 2005 no se reportan casos de rabia humana transmitida por perros en México (Organización Panamericana de la Salud, 2019). Conseguir la certificación requirió la planeación y desarrollo de programas de control de enfermedades — rabia y leptospirosis, entre otras— en búsqueda de la salud humana a través de proveer a los animales de compañía un servicio de salud.

Ámbito federal

En materia de bienestar y protección a los animales, existe un marco regulatorio de ámbito federal que promueve las acciones en favor de su salud y bienestar. En algunos casos abordan específicamente y tienen entre sus disposiciones puntos de prevención y atención a los actos de maltrato y Crueldad Animal.

"Ley Federal de Sanidad Animal"

La "Ley Federal de Sanidad Animal" deriva como parte de los compromisos adquiridos por México con la Organización

Internacional de Sanidad Animal. La última reforma se realizó en 2022 y, de acuerdo con el artículo 1o, entre otros aspectos, tiene como fin procurar el bienestar animal trabajando de manera coordinada con la Secretaría de Salud, mientras que en el artículo 2o habla de los fines de la sanidad animal para procurar su bienestar.

En esta Ley no se habla específicamente sobre la prevención o atención a los actos de CA, sin embargo su fin es establecer la guía para proporcionar las condiciones adecuadas de los animales en condiciones de cuidado humano y define "bienestar animal" como: "Conjunto de actividades encaminadas a proporcionar comodidad, tranquilidad, protección y seguridad a los animales durante su crianza, mantenimiento, explotación, transporte y sacrificio".

La "Ley Federal de Sanidad Animal" vela por la salud y bienestar animal considerando el beneficio para el ser humano. En el artículo 14 lo enfatiza: "Las medidas zoosanitarias tienen por objeto proteger la vida, salud y bienestar de los animales incluyendo su impacto sobre la salud humana, así como asegurar el nivel adecuado de protección zoosanitaria en todo el territorio nacional".

Más delante, en el artículo 20 fracción I, establece: "I. Que el bienestar de los animales requiere de proporcionarles alimentos y agua suficientes; evitarles temor, angustia, molestias, dolor y lesiones innecesarios; mantenerlos libres de enfermedades y plagas, y permitirles manifestar su comportamiento natural". Si bien el fin primordial de esta Ley será procurar el estado de bienestar de los animales con fines de salud pública, ello ha sido suficiente para que el Estado promueva el desarrollo de legislación complementaria en alcance a su cumplimiento.

Por su parte, el *Reglamento de la Ley Federal de Sanidad Animal* retoma aspectos relevantes respecto a la procuración del bienestar animal:

Artículo 30. La Secretaría en materia de bienestar animal determinará las características y especificaciones sobre alimentación, cuidado, alojamiento y formas de aprovechamiento de los animales domésticos y silvestres en cautiverio, bajo la consideración que el responsable de un animal tiene la obligación de proporcionarle alimento y agua en cantidad y calidad nutritiva acorde a su especie, edad y estado fisiológico.

Artículo 31. Los animales deberán estar sujetos a un programa permanente de medicina preventiva supervisado por un médico veterinario, recibiendo atención inmediata en caso de que enfermen o sufran alguna lesión. Son elementos a considerarse como mínimo en el programa de medicina preventiva ordenado por el segundo párrafo del artículo 21 de la Ley, los siguientes:

I.   La prescripción, dosificación y administración de biológicos, químicos o fármacos con fines preventivos o terapéuticos para uso en animales deberá realizarse siempre por un médico veterinario;

II. Los tratamientos médicos, quirúrgicos, nutricionales o conductuales deben estar siempre supervisados por un médico veterinario y de acuerdo a las disposiciones de sanidad animal que emita la Secretaría;

III. Las vacunaciones deberán ser programadas y realizadas, tomando en consideración las zoonosis y las campañas zoosanitarias oficiales, así como el criterio del médico veterinario, en cuanto al momento de aplicación y el tipo de vacuna a utilizar, y

IV. Es obligación de los propietarios o responsables de los animales mantener un programa de desparasitación.

Esta Ley podría ser uno de los antecedentes más importantes para la prevención de los actos de CA, pero, aunque es una herramienta importante para el establecimiento de los mecanismos para otorgar condiciones en favor del bienestar de los animales, es un hecho que no logra abarcar ni contemplar la complejidad del fenómeno de análisis, en este caso, de la Crueldad Animal.

"Ley General del Equilibrio Ecológico y Protección al Ambiente"

Se trata de una Ley reglamentaria de las disposiciones que hacen referencia a la preservación del equilibrio ecológico y a la protección del medio ambiente en el territorio nacional, aunque hay algunas que previenen los actos de CA. Por ejemplo, el capítulo III sobre flora y fauna silvestre establece, en el artículo 79:

> Para la preservación y aprovechamiento sustentable de la flora y fauna silvestre se considerarán los siguientes criterios:

> VIII.- El fomento del trato digno y respetuoso a las especies animales, con el propósito de evitar la crueldad en contra de éstas.

> En el artículo 87 bis establece que el gobierno federal, los gobiernos de los estados y del Distrito Federal regularán el trato digno y respetuoso que deberá otorgarse a los animales.

> Corresponde al Gobierno Federal expedir las normas oficiales mexicanas que determinen los principios básicos de trato digno y respetuoso previsto por esta Ley, que incluyen condiciones de cautiverio, exhibición, transporte, alimentación, explotación, entrenamiento, manutención

y sacrificio de los animales, así como vigilar su cumplimiento.

Si bien, nuevamente, nos encontramos ante lo que podría ser un marco con un acercamiento a la prevención de los actos de crueldad, la presente Ley pone énfasis en los animales silvestres, definidos desde el artículo 3o fracción XVIII (Ley General del Equilibrio Ecológico y Protección al Ambiente Última Reforma DOF 09-01-2015) como:

> Las especies animales que subsisten sujetas a los procesos de selección natural y que se desarrollan libremente, incluyendo sus poblaciones menores que se encuentran bajo control del hombre, así como los animales domésticos que por abandono se tornen salvajes y por ello sean susceptibles de captura y apropiación.

Esta clasificación y énfasis deja de lado a la fauna doméstica en condiciones de cuidado humano.

"Ley General de Vida Silvestre"

Se trata de una ley también del ámbito federal reglamentaria del artículo 27 constitucional y que —aunque su fin no se encuentra en la fauna doméstica— define con precisión en el artículo 3o aquello que para fines de aplicación sería un acto de maltrato o CA, así como lo que se considera un trato digno y respetuoso:

Crueldad: Acto de brutalidad, sádico o zoofílico contra cualquier animal, ya sea por acción directa, omisión o negligencia.

Maltrato: Todo hecho, acto u omisión del ser humano, que puede ocasionar dolor, deterioro físico o sufrimiento, que afecte el bienestar, ponga en peligro la vida del animal, o afecte gravemente su salud o integridad física, así como la exposición a condiciones de sobreexplotación de su capacidad física con cualquier fin.

Trato Digno y Respetuoso: Las medidas que esta Ley y su Reglamento, así como Tratados Internacionales, las normas ambientales y las normas oficiales mexicanas establecen para evitar dolor, deterioro físico o sufrimiento, durante su posesión o propiedad, crianza, captura, traslado, exhibición, cuarentena, comercialización, aprovechamiento, adiestramiento o sacrificio.

En el artículo 30 menciona que:

El aprovechamiento de la fauna silvestre se llevará a cabo de manera que se eviten o disminuyan los daños a la fauna silvestre mencionados en el artículo anterior. Queda estrictamente prohibido todo acto de crueldad en contra de la fauna silvestre, en los términos de esta Ley y las normas que de ella deriven.

En el ámbito federal, la LGVS otorga pautas importantes en materia de CA. Sin embargo, su marco de acción, centrado en la vida silvestre, no permite que se le pueda considerar como un instrumento jurídico para los fines específicos de prevención o atención de CA en el ámbito doméstico, entorno en el que estos eventos suceden con mayor impacto (Ley General de Vida Silvestre, Última Reforma DOF 19-01-2018).

Normatividad en el ámbito local en materia de protección a los animales

Hoy en día, cada estado de la República cuenta con una ley local en materia de protección animal. En general, se diferencian por el tipo de multas o penas impuestas a los actos de CA; para el caso de Ciudad de México se cuenta con uno de los instrumentos jurídicos, la "Ley de Protección a los Animales del Distrito Federal", que parece estar a la vanguardia en dicha materia (Reyes Ortiz, 2015).

Ciudad de México cuenta con una constitución política local que menciona en el artículo 13B (Constitución Política de la Ciudad de México, Última Reforma 02-01-2020):

> Esta Constitución reconoce a los animales como seres sintientes y, por lo tanto, deben recibir trato digno. En la Ciudad de México toda persona tiene un deber ético y obligación jurídica de respetar la vida y la integridad de los

animales; éstos, por su naturaleza son sujetos de consideración moral. Su tutela es de responsabilidad común.

Esto fue un parteaguas en la protección jurídica de los animales, así como para las obligaciones y responsabilidades de los ciudadanos para con ellos (Said, C., 2017).

"Ley de Protección a los Animales de la Ciudad de México"

De manera textual, esta Ley tiene por objetivo proteger a los animales, velar por sus condiciones de salud y bienestar, prevenir y sancionar los actos de CA y, sin marcar diferencia entre fauna doméstica o silvestre, en el artículo 1o define y tiene por objeto:

> Proteger a los animales, garantizar su bienestar, brindarles atención, buen trato, manutención, alojamiento, desarrollo natural, salud y evitarles el maltrato, la crueldad, el sufrimiento, la zoofilia y la deformación de sus características físicas, así como asegurar la sanidad animal, la salud pública y las cinco libertades del animal, siendo estas: libre de hambre, sed y desnutrición, miedos y angustias, de incomodidades físicas o térmicas, de dolor, lesiones o enfermedades, y para expresar las pautas propias de comportamiento.

Esta Ley se ha convertido en el principal instrumento de protección jurídica a los animales y, aunque detrás de este marco el fin principal siempre es salvaguardar la salud y bienestar social y humano, poco a poco se han generado iniciativas que buscan fortalecer una protección integral del ser humano, los ecosistemas y los animales para beneficio mutuo.

En el artículo 1°, fracción V, establece como objetivo:

> El fomento de la participación de los sectores público, privado y social, para la atención y bienestar de los animales domésticos y silvestres. 6 V bis. Promover en todas las instancias públicas, privadas, sociales y científicas, el reconocimiento de la importancia ética, ecológica y cultural, que representa la protección de los animales, a efecto de obtener mejores niveles educativos de bienestar social.

Debido a que la *Ley General de Vida Silvestre* se centraba en las especies silvestres, la "Ley de Protección a los Animales de la Ciudad de México" propone nuevamente una definición para "trato digno y respetuoso":

> Las medidas que dicha Ley, su Reglamento, las normas ambientales y las normas oficiales mexicanas establecen para evitar dolor o angustia durante su posesión o propiedad, crianza, captura,

traslado, exhibición, cuarentena, comercialización, aprovechamiento, adiestramiento y sacrificio. Asimismo, define al bienestar animal como el estado en que el animal tiene satisfechas sus necesidades de salud, de comportamiento y fisiológicas frente a cambios en su ambiente, generalmente impuestos por el ser humano.

Como se menciona en el artículo 4o, algunos conceptos serán retomados de la legislación ya existente, como "maltrato" y "Crueldad Animal". Al incluir también acciones por omisión, se encuentran otros aspectos como en el artículo 24, VI, que dice que es una causa de maltrato el "No brindarles atención médico veterinaria cuando lo requieran o lo determinen las condiciones para el bienestar animal". En concordancia con lo anterior, la fracción II del artículo 74 de su Reglamento señala que se les debe proporcionar a los animales un "manejo médico-veterinario adecuado".

"VIII: Se considera maltrato privar de un alojamiento adecuado, acorde a la especie del animal." También define con cierta precisión el concepto "animal" en la fracción II del artículo 4o:

Animal: Ser vivo no humano, pluricelular, sintiente, consciente, constituido por diferentes tejidos, con un sistema nervioso especializado que le permita moverse y reaccionar de manera coordinada ante los estímulos.

Aunque podría parecer ambigua y sujeta a interpretación en relación a su alcance (García Solé, 2015), previamente hace una clasificación de los animales objetos de tutela y protección de la misma en el artículo 2o:

> Son objeto de tutela y protección de esta Ley los animales que no constituyan plaga, que se encuentren de forma permanente o transitoria dentro del territorio del Distrito Federal en los cuales se incluyen:
>
> I.   Domésticos;
>
> II.   Abandonados;
>
> III.   Ferales;
>
> IV.   Deportivos;
>
> V.   Adiestrados;
>
> VI.   Perros de asistencia
>
> VII.   Para espectáculos;
>
> VIII.   Para exhibición;
>
> IX.   Para monta, carga y tiro;
>
> X.   Para abasto;

XI.   Para medicina tradicional; y

XII.   Para utilización en investigación científica;

XIII. Seguridad y guarda;

XIV.   Animaloterapia;

XV.   Silvestres;

XVI.   Acuarios y delfinarios

Esta Ley, además, sirvió para dar pie a la formación de cuerpos policiacos especiales exclusivamente para la prevención y atención de casos de maltrato animal y fomentar entre la ciudadanía el bienestar animal.

De acuerdo al artículo 10 bis de esta Ley:

Corresponde a la Secretaría de Seguridad Pública, en el ámbito de su competencia, el ejercicio de las siguientes facultades:

I.   Apoyar a la Secretaría y la Agencia en la promoción, información y difusión de la presente Ley para generar una cultura de tenencia responsable y cívica de protección, responsabilidad y respeto digno de los animales;

II. Integrar, equipar y operar brigadas de vigilancia animal para responder a las necesidades de protección y rescate de animales en situación de riesgo, estableciendo una coordinación interinstitucional para implantar operativos en esta materia y coadyuvar con asociaciones civiles en la protección y canalización de animales a centros de atención, refugios y albergues de animales.

En esta Ley también se mencionan algunas atribuciones correspondientes a otras dependencias. En el artículo 10 hace referencia a las facultades de la Secretaría de Salud, entre ellas:

La verificación de los centros de atención canina y felina.

El sacrificio humanitario de animales.

La captura y canalización de animales abandonados, ferales o que pueda ser de riesgo a la salud pública.

Verificar condiciones de higiene en instalaciones que mantengan animales.

Coordinación con la agencia de atención animal para la realización de campañas masivas para el control y erradicación de enfermedades zoonóticas, como la rabia.

Esterilización de perros y gatos para evitar su reproducción sin control.

Aunque cada estado cuenta con leyes similares, la Ciudad se ha dado a la tarea de desarrollar y fortalecer los mecanismos de atención a denuncias de CA. La Procuraduría Ambiental y del Ordenamiento de Territorial de la Ciudad de México es la institución a cargo de vigilar la aplicación de este marco legal en salvaguarda de la salud y bienestar de los animales.

La creación de leyes y sus respectivos reglamentos son sólo una parte de los instrumentos generados en búsqueda de la protección de los animales — o de la protección de la relación humano-animal. Sumado a ello, la tipificación de delitos de maltrato o CA en los códigos penales locales ha servido como instrumento para el establecimiento de sanciones (Rivero Sosa, 2017).

Código Penal para el Distrito Federal

Conforme ha crecido el interés en la protección jurídica de los animales, ya sea para fines en sí mismos o para fines de salud pública, el maltrato y los actos de CA han sido incorporados en un tipo penal. A nivel local, en la Ciudad de México se estipulan aquellas acciones que afecten el bienestar animal como un delito.

La primera referencia en este sentido aparece en el Artículo 54 que establece: Respecto del aseguramiento de animales vivos, se canalizaran a lugares adecuados para su debido cuidado, siendo que en el caso de los animales domésticos, las asociaciones u organizaciones protectoras o dedicadas al cuidado de animales debidamente constituidas, podrán solicitar en cualquier momento al Ministerio Público o Juez correspondiente, su resguardo temporal y tendrán preferencia para obtener la posesión definitiva de los mismos por resolución judicial que así lo determine. Las personas que resulten responsables por el delito de maltrato o crueldad hacia los animales, perderán todo derecho sobre los animales que hayan tenido bajo su custodia o resguardo.

En el "Capítulo II: Punibilidad de Delitos Culposos", se hace referencia a la sanción como delito culposo a aquél cometido por acto de maltrato o crueldad, mismos que son descritos en el capítulo IV en contra de animales no-humanos.

> Artículo 350 bis. Al que realice actos de maltrato o crueldad en contra de cualquier especie animal no humana, causándole lesiones de cualquier tipo sin que pongan en peligro la vida del animal, se le impondrá de seis meses a dos años de prisión y de cincuenta a cien días multa.

Si las lesiones ponen en peligro la vida del animal no humano se incrementarán en una mitad las penas señaladas.

Se entenderá para los efectos del presente título como animal al organismo vivo, no humano, sensible, que no constituya plaga, que posee movilidad propia, y capacidad de respuesta a los estímulos del medio ambiente perteneciente a una especie doméstica o silvestre. Los animales abandonados, o callejeros no serán considerados plaga (Reformado, primer párrafo, GODF 8-10-2014).

Artículo 350 Ter. Al que cometa actos de maltrato o crueldad en contra de cualquier especie animal no humana provocándole la muerte se le impondrán de dos a cuatro años de prisión y de doscientos a cuatrocientos días multa, así como el aseguramiento de todos los animales que pudiera tener bajo su cuidado o resguardo, en términos de lo dispuesto por el artículo 54 de este Código.

En caso de que se haga uso de métodos que provoquen un grave sufrimiento al animal previo a su muerte, las penas se aumentarán en una mitad.

Se entenderá por métodos que provocan un grave sufrimiento todos aquellos que lleven a una muerte no inmediata y prolonguen la agonía del animal.

Por actos de maltrato o crueldad y lo relativo a éste capítulo se estará a lo dispuesto en la Ley de Protección a los Animales del Distrito Federal (Código Penal del Distrito Federal, Última Reforma GODF 16-06-2016).

De este modo, la integración de la Ley local en materia de protección a los animales, así como las reformas realizadas al Código Penal del Distrito Federal y el trabajo conjunto entre las secretarías y procuradurías, ha estructurado los mecanismos necesarios para mejorar las vías de acción en favor de la protección jurídica de los animales en la Ciudad de México.

Normas Oficiales Mexicanas

Las Normas Oficiales Mexicanas son instrumentos de apoyo al cumplimiento de carácter obligatorio de la legislación a nivel nacional; además, dan alcance a las disposiciones presentes en las distintas leyes y reglamentos. Entre las acciones que tienen como fin la prevención o atención al delito de maltrato o crueldad se encuentra: "6.1 NOM-33-ZOO-1995 Sacrificio humanitario de animales domésticos y silvestres". En ella se establecen los métodos adecuados y autorizados de insensibilización y sacrificio de animales domésticos y silvestres teniendo como objetivo primordial, en el punto 1.1:

Esta Norma es de observancia obligatoria en todo el territorio nacional para personas físicas y morales encargadas de establecimientos públicos o privados, en donde se le dé muerte a uno o varios animales con fines para abasto, investigación, pruebas de constatación, enseñanza, aprovechamiento cinegético, peletería o cualquier otro tipo de aprovechamiento, centros de atención canina y felina y similares, bioterios, zoológicos, granjas educativas, comercializadoras, tiendas de animales, criaderos, centros de rehabilitación, circos, colecciones particulares, centros de espectáculo, unidades de manejo para la conservación de vida silvestre (UMAs), centros de decomiso o acopio, entre otros; y tiene por objeto establecer los métodos para dar muerte a los animales garantizando buenos niveles de bienestar y con el propósito de disminuir al máximo el dolor, sufrimiento, ansiedad y estrés (Norma Oficial Mexicana NOM-033-SAG/ZOO-2014, Métodos para dar muerte a los animales domésticos y silvestres).

A lo largo de la NOM se describen con precisión los métodos que buscan garantizar que el proceso de sacrificio se lleve a cabo en condiciones libres de dolor y sufrimiento, siendo éste también un instrumento que alcanza el compromiso de México ante la Organización Mundial de Sanidad Animal. Si bien se han desarrollado múltiples NOM en materia de sanidad animal, al hablar de los delitos de CA las referencias que puedan guiar la toma de decisiones respecto a tales casos todavía son escasas.

Resumen del capítulo

La incorporación del componente legal y normativo se considera un elemento indispensable en los distintos contextos de análisis y aplicación de la bioética. Si bien la cotidianidad social o cultural tiene un ritmo que requiere respuestas y estrategias prácticas a corto plazo y es distinto a los procesos reflexivos éticos, morales y las demandas sociales, es quizá esta característica la que obliga a realizar los cuestionamientos sobre la pertinencia que los instrumentos jurídicos cumplen en relación a la complejidad de un problema social como el que se analiza en esta obra.

Por otra parte, y en el contexto de la Crueldad Animal, no se debe perder de vista que este componente también surge y cumple con un papel en la esfera moral que en algunas ocasiones responde a demandas sociales y en otras responde a la garantía de derechos y necesidades de las personas. En este sentido, a pesar de que se han dado pasos importantes en materia de protección a los animales, también es un instrumento que puede normalizar algunas prácticas que, aunque puedan caer en una definición de CA, no encuentran prohibición jurídica —ej. la tauromaquia— incluso si son contrarias a los objetivos que se persiguen, adquiriendo un peso importante en la manera en la que la sociedad responderá a un fenómeno social como es la CA.

La existencia de un preámbulo como el que establece la *Declaración Universal de los Derechos de los Animales* es sin duda un impulsor que con el paso del tiempo se ha actualizado y poco a poco parece tener mayor compatibilidad con la complejidad social que vale la pena tener en consideración para que eventualmente figure como un instrumento de mayor alcance.

Es un hecho que el marco jurídico nacional no ha desarrollado o contemplado y aún se mantiene lejos de un verdadero análisis transdisciplinar de la naturaleza multifactorial del fenómeno de la Crueldad Animal. Desde el punto de vista de la educación, salud pública, desarrollo social, por ejemplo, existe y es evidente un abismo que finalmente queda en manos de algunas y apenas fundamentadas organizaciones sociales que no logran resolver apenas el primer paso: definir y responder a la pregunta, ¿qué es la Crueldad Animal?

Es importante reconocer que en el contexto local mexicano y en particular en la Ciudad de México, en respuesta a la dinámica de las demandas sociales, se ha logrado avanzar de manera importante no solo hacia "una protección animal" sino, hacia la protección jurídica de los animales con todo lo que esto implica, en términos de ciudadanía, para la prevención y atención del maltrato y Crueldad Animal —eso sí, con un largo camino por recorrer hasta su consolidación como lo que podría ser una ciudad modelo para el resto del país por lo menos en este ámbito.

Capítulo

5

Una aproximación antropocentrista (humanista) sobre la Crueldad Animal

El ejercicio de la bioética parte de una definición adoptada como resultado de la conceptualización del ser humano y la relación de éste con sus congéneres, con otras formas de vida y con el mundo, es decir, una postura antropológica dada (Aramini, M., 2007). Cuando se trata de la bioética en relación a los animales, se hace referencia a la reflexión sobre el papel del ser humano frente a estas formas de vida, su responsabilidad o su derecho sobre ellos, sus límites, así como los fundamentos filosóficos y científicos sobre ello.

La bioética en la relación del ser humano con los animales no es una sola ni se puede dar por hecho. Se llegan a identificar distintos pensamientos cuya base parte de corrientes utilitaristas que otorgan al ser humano o reconocen un derecho natural de aprovechamiento[34], o corrientes zoo-céntricas que favorecen la consideración moral hacia los animales reconociendo su capacidad sintiente y los fines que cada individuo, sin importar la especie, puede tener en sí y para sí mismo. (Alarcón Flórez, C.V. 2020).

Otras corrientes intentan alejarse del antropocentrismo constituyéndose como una bioética eco-céntrica, buscando el fortalecimiento de una relación integral más respetuosa del entorno, pero que se enfrenta permanentemente con un sistema global que exige la explotación del mismo.

---

[3] Ejemplo de esto sería la filosofía kantiana. Para Kant, los animales, plantas y el resto de objetos sólo cobran valor en tanto puedan satisfacer necesidades humanas. Es decir que sólo el ser humano posee deseos y metas conscientes, por lo cual puede establecer los medios para conseguir esas metas. Dado que los animales y los demás seres vivos carecen de estos deseos y metas, estos no pueden hacer parte del reino de los fines. Pero Kant, incluso, va un paso más allá. Según él, las cosas no pueden generarnos ningún tipo de respeto, los animales y la naturaleza pueden generar otro tipo de sentimientos, pero no tenemos ningún deber de respetarles.

Otra postura que niega la posibilidad de que los animales puedan ser considerados moralmente es la de Descartes "Para él, el mundo constaba de dos sustancias: la *res extensa* y la *res cogitans*. La primera pertenece a los cuerpos físicamente delimitados, divisibles y perecederos y la segunda es una sustancia físicamente no tangible, indivisible, inmortal y pensante. Según Descartes, al ser humano le pertenecen ambas sustancias, pero los demás animales sólo son *res extensa*, por lo cual ni piensan ni tienen alma" (Vargas, García, C.E. 2020).

[4] Rojas Castillo (2020) menciona que "los deberes de virtud para Kant se dividen en dos categorías, para consigo mismo y para con otros. El primero de estos hace referencia al perfeccionamiento moral que sólo el mismo individuo puede realizar para sí. El segundo, se refiere a propender la felicidad ajena, mientras esta no tente con el perfeccionamiento moral propio. La perfección moral en la filosofía de Kant tiene un lugar primordial. Ésta se logra cuando el ser humano actúa de acuerdo con el imperativo categórico que indica realizar las acciones cuya validez sea universal".

A pesar de las importantes aportaciones de las distintas posturas bioéticas en relación a los animales, no se debería omitir que, ante fenómenos tan complejos y a su vez tan puntuales como los actos de CA, se requieren aproximaciones que trastoquen los componentes del mismo y sea posible abordarlos desde una bioética con un sentido integral y compatible con los elementos que constituyen el acto o fenómeno en cuestión.

Si bien existen corrientes éticas como el personalismo y la bioética personalista, cuyo fundamento está en lo que se ha construido del ser humano como persona y su desarrollo ontológico, esto no implicaría algún tipo de desconocimiento sobre el bienestar de lo que no sea humano. De hecho, la responsabilidad y protección hacia el otro, incluso lo no-humano, así como el ejercicio de una autonomía responsable y el bien íntegro de la persona humana, es propio del ser ontológico por el que vela la filosofía personalista, así como contrario serían los actos de crueldad (Ramírez, B., et al., 2021).

En la reflexión sobre la relación del ser humano con los animales se han establecido polos que, por una parte, colocan a estos últimos como centros de atención, de modo que los pensadores desde este enfoque han figurado como precursores de movimientos sociales y políticos en defensa de la vida de los animales — con fundamentos cuestionables o carentes de pilares sólidos desde el punto de vista biológico, científico o incluso filosófico. Por otro lado, algunos los han instrumentalizado hasta convertirlos en meros objetos de aprovechamiento para el ser humano (Leyton, D., 2008), una tendencia a la cosificación de lo no-humano que no solamente abusa de "lo animal" sino de "la naturaleza" como mero objeto de explotación.

Antes de continuar, vale la pena en este punto retomar la definición integrada de Crueldad Animal:

> El acto humano cometido hacia un animal, motivado por el placer o satisfacción de causar miedo, dolor, sufrimiento o cualquier forma de distrés físico o mental y que intencionalmente lo haga; que sea libre de coerción y voluntario; por acción u omisión; único, intermitente o prolongado.

En la historia de la bioética, la relación del ser humano con los animales ha permanecido presente dese su origen, sin embargo, el desarrollo de esta disciplina también ha pasado por una importante cantidad de filósofos e investigadores que se han apropiado del término para construir sub disciplinas o ramas aplicables a sus propios ámbitos, lo que, ya de por sí, dificulta la adopción de posturas sólidas respecto a un fenómeno tan complejo.

El análisis de la Crueldad Animal puede comenzar con las aportaciones del precursor del término "bioética", el teólogo protestante Fritz Jahr, quien, en el artículo "A Review of the Ethical Relationships of Humans to Animals and Plants", en la revista alemana *Kosmos* (1927), ya hacía referencia a la necesidad de la consideración moral hacia los animales (Garzón, 2009).

El pensamiento de Jahr es reflejo de una cosmovisión y preocupación resultantes de los sucesos del periodo de entreguerras, con una importante influencia de filósofos que le inspiraron: San Francisco de Asís, Theodor Fechner, Rudolf Eisler, Arthur Schopenhauer, Rousseau, entre otros; una filosofía de obligaciones morales de los seres humanos hacia sus congéneres y hacia el mundo que lo rodea. Su pensamiento derivó en una idea que posteriormente se plantearía como un imperativo bioético: "¡Ante todo, cuida a cada ser vivo como un fin en sí mismo y trátalo como tal en medida de tus posibilidades!" (Lima & Cambra, 2013).

Además del reflejo evidente del contexto histórico, el concepto de bioética que propone Jahr se nutre también por las Sagradas Escrituras para replantear los cuestionamientos fundamentales de la filosofía[5]: "¿Qué consideraciones le

[5] "Este término nace no sólo como una idea sino como una cosmovisión del mundo, al igual que el accionar bioético [*Die bioethische Betätigung*] que nos coloca de lleno en la responsabilidad de los seres humanos para con nuestros semejantes, como así también para con los animales y las plantas. La explicación del concepto y su justificación tiene relación con dos aspectos. Por un lado, con el contexto de Alemania en los años 20s, ya que en esa década se vivieron profundas transformaciones sociales, políticas y económicas. Luego del Tratado de Versalles en 1919, rechazado por el pueblo alemán en función de las penas y restricciones sancionadas luego de la Gran Guerra, el clima de desasosiego frente a las dificultades sociopolíticas y económicas del país trajo aparejado un fortalecimiento de la extrema derecha y de ideas nacionalistas en un complejo entramado que terminó favoreciendo el ascenso de Hitler al poder. Las instituciones de la Iglesia y el Ejército, que consolidan los preceptos de jerarquía y orden, brindaron un marco a partir del cual pensar

debe el ser humano a su mundo circundante? ¿Qué consideraciones se debe a sí mismo, en tanto parte de un todo que lo precede, y del cual a su vez forma parte" (Lima & Cambra, 2013).

San Francisco de Asís es considerado por algunos una figura del modelo humanista moderno debido al ejemplo de vida que simbolizó. Su filosofía aún es relevante en virtud de la decadencia moral de la civilización en el siglo XX como símbolo de paz para toda la sociedad. Verdaderamente amó la naturaleza y fundó una espiritualidad en armonía con el cosmos al fomentar una responsabilidad por la creación y la humanidad.[6] Se dice también que su espiritualidad valora en sí todo lo que existe (Rodríguez, F.Q., 2018).

---

la relación entre los seres humanos en una época tumultuosa. Teniendo en cuenta que Jahr era un pastor protestante, vemos que la filiación del concepto de bioética se nutre de sus referencias al contexto y a las Sagradas Escrituras, que se ofrecían como marco de entendimiento. Pero, por otro lado, también es importante señalar las referencias en relación a las narrativas de la época. Las fuentes provenientes de la literatura, de la mano de Goethe, Herder o Hans Christian Andersen, potencian el pensamiento y la reflexión, como así también las del mundo de la ópera, del que Wagner es un referente clave para analizar la época y las primeras obras de Jahr" (Lima & Cambra, 2013).

[6] "En palabras del papa Francisco: "Pero la vocación de custodiar no sólo nos atañe a nosotros, los cristianos, sino que tiene una dimensión que antecede y que es simplemente humana, corresponde a todos. Es custodiar toda la creación, la belleza de la creación, como se nos dice en el libro del Génesis y como nos muestra San Francisco de Asís: es tener respeto por todas las criaturas de Dios y por el entorno en el que vivimos. Es custodiar a la gente, el preocuparse por todos, por cada uno, con amor, especialmente por los niños, los ancianos, quienes son más frágiles y que a menudo se quedan en la periferia de nuestro corazón. Es preocuparse uno del otro en la familia: los cónyuges se guardan recíprocamente y luego, como padres, cuidan de los hijos, y con el tiempo, también los hijos se convertirán en cuidadores de sus padres. Es vivir con sinceridad las amistades que son un recíproco protegerse en la confianza, en el respeto y en el bien. En el fondo, todo está confiado a la custodia del

Aldo Leopold fue otra importante figura en la reflexión sobre la relación que el ser humano establece con su entorno. Su propuesta, reflejada en "La Ética de la Tierra" (1949), no aborda de manera específica la relación con los animales, lo hará con bases en el conocimiento científico y la ecología en particular. Presentó una visión integral, de estabilidad, salud y bienestar desde la que habló de una ética de comunidad que incluía la tierra, el agua, las plantas, los animales; una visión que pretendió extender la consideración moral hacia los "recursos bióticos" y adoptar una postura como miembros de una comunidad biótica, no como sus conquistadores (Eba, B.A., 2020). "Leopold dice: Algo está bien cuando tiende a la preservación de la integridad, estabilidad y belleza de la comunidad biótica. Está mal cuando tiende a lo contrario" (Heffeman, 1982).

Es importante acercarse a la bioética de Van Renselaer Potter, para quien el reconocimiento de la crisis ambiental y social fueron los objetivos importantes en la aplicación de la bioética —a pesar de la apropiación del término por las ciencias médicas—, siendo el fin moral el bienestar de la Tierra y de sus habitantes (Worster, D., 1996). A autores como Leopold y Potter se les puede considerar como precursores de movimientos que velan por el medio ambiente y los derechos de los animales en función de la relación cultura y naturaleza (Galindo, C.G., 2009). Si bien las

---

hombre, y es una responsabilidad que nos afecta a todos. Sed custodios de los dones de Dios. Y cuando el hombre falla en esta responsabilidad, cuando no nos preocupamos por la creación y por los hermanos, entonces gana terreno la destrucción y el corazón se queda árido" (Francisco, "Homilía en el solemne inicio del ministerio petrino", en Rodríguez, F.Q., 2018).

reflexiones de Potter se acercan más al análisis del distanciamiento entre el desarrollo científico y tecnológico con las humanidades y la cultura, se debe retomar la búsqueda de la convergencia del conocimiento en torno al cuidado de la vida (Flórez, A.M., 2011).

Una de las filosofías y posturas morales de mayor impacto en torno al trato ético hacia los animales es la propuesta por el filósofo australiano utilitarista Peter Singer en su publicación *Liberación Animal*, desde 1975 con una última edición en 2018, para muchos considerada la *Biblia* del movimiento animalista. Enmarcada en un contexto de movimientos sociales y políticos de liberación, coloca sobre la mesa de reflexión por lo menos tres hechos para asumir una postura moral en torno a la relación con los animales: 1. la capacidad de sentir dolor, miedo o angustia; 2. un principio de no maleficencia y 3. que la pertenencia a una especie distinta a la humana no es razón para un trato moralmente distinto —antiespecismo— (Villanueva, G., 2016; Horta, O., 2011).

Tom Regan es considerado uno de los pensadores más influyentes en defensa de los derechos de los animales. Su obra *The Case for Animal Rights* (1983) centra su planteamiento en el valor inherente de los animales por ser seres sujetos de una vida, por lo que se les debe reconocer su derecho a vivir y ser tratados con respeto (Martínez, L.X., 2018). Para el autor resulta moralmente insostenible el uso de animales como simples instrumentos para fines humanos, ya que los intereses vitales de un individuo no deberían sacrificarse para beneficiar a otros (Téllez, B. & Vanda, B., 2020).

En la actualidad, la ciencia del bienestar animal tiene importantes implicaciones políticas y sociales (Moyano, E., et al., 2015). Esta corriente de pensamiento cobró fuerza cuando fueron analizados y reportados los métodos de crianza y mantenimiento de los animales de producción a través del informe Brambell en 1965 (Carenzi, C. & Verga, M., 2009).

Desde el bienestar animal se reconocen las capacidades sintientes, cognitivas y sociales de los animales. También guía la práctica zootécnica con el fin de maximizar los estados emocionales positivos y reducir los negativos en los métodos de crianza, mantenimiento, aprovechamiento e, incluso, la muerte. Lo anterior es posible mediante la aplicación de indicadores de valoración científicas basados en las cinco libertades (Broom, D.M., 2011a) o los cinco dominios, con los que también se evalúa la interacción humano-animal (Mellor, D., et al. 2020). Aunque el bienestar animal puede tener varias acepciones (Broom, D.M., 2011b), la Organización Mundial de Sanidad Animal lo define como "El estado físico y mental de un animal en relación a las condiciones en las que vive y muere" (OMSA, 2021).

La bioética y las distintas corrientes de pensamiento en las éticas animales aportan reflexiones fundamentales en la relación humano-animal. En palabras de Leyton (2019), "(…) este proceso coadyuva en la búsqueda por ampliar el registro moral para responder a preguntas bioéticas nuevas". En este sentido, refiere que ante la certidumbre de que los animales puedan tener experiencias positivas o negativas, sentir dolor, sufrimiento o estrés, "...sólo la indiferencia, la lejanía y los intereses explican —no justifican— el trato que los animales no-humanos reciben de los humanos".

5.1 Aristóteles y Tomás de Aquino sobre la Crueldad Animal

En la filosofía de Aristóteles y Tomás de Aquino, las reflexiones respecto a los animales parecen ser, en principio, lo suficientemente concretas para reducir el debate a aspectos concretos como que los animales están en el mundo al servicio del ser humano, independientemente de sus características, definición o dimensiones, el ser humano tiene casi un derecho natural sobre ellos para su bienestar.

Si bien, desde el pensamiento de estos filósofos, el ser humano posee y puede ejercer este derecho sobre los animales, ¿existirán premisas desde estas mismas filosofías para orientar una consideración ética o moral del ser humano hacia los animales? Frandsen (2013) retoma argumentos de Regan y Singer y afirma que en la filosofía de

Tomás de Aquino existe un fundamento que constituye incluso la base para los actos de maltrato animal y que no puede aplicarse la compasión por la diferencia natural entre seres humanos y animales.

Por otro lado, Estrada (2016) menciona que en el pensamiento aristotélico los animales están dotados de un alma poco desarrollada, no equiparable con la humana, y, si bien están dispuestos en la Tierra para beneficio del ser humano, sería esta característica ya un aporte suficiente a la consideración moral hacia los animales. Del mismo modo, Vélez (2018), en su reflexión sobre la consideración moral hacia los animales a través del pensamiento aristotélico, plantea que el alma de estos, aunque distinta a la del ser humano, les provee la capacidad de satisfacer sus propias necesidades. De ser así, de reconocerse esta naturaleza, su alma, su inteligencia y su sabiduría práctica —*phronesis* que se propone en *De Anima*— quizá les confiere también la posibilidad de considerarles moralmente.

En las éticas de Eudemia y Nicomaquea, el animal es el modelo de la intemperancia e incontinencia, el télos del animal y de lo animal en el hombre es el hedoné, que para el humano representa la renuncia a su verdadero télos. Incluso, la aspiración de la ética es la vida divina y el animal se halla en el extremo opuesto de la misma. Empero, la dimensión de la vida animal puede cobrar una mayor importancia y desembarazarse del terreno sombrío de la ética. Por ello en De Anima y en IA (Investigación sobre los animales VIII y IX) podemos establecer unos vínculos más fuertes con la ética, a partir de las nociones de sensibilidad y ethos implícitas en las descripciones físicas y psicológicas que en un alto grado le son comunes a los humanos y otros animales. Es en este contexto en el que puede entenderse en qué consiste la virtud animal y la posibilidad de una phronesis distinta a la humana, conceptos que nos permitirán inferir una consideración moral hacia los animales.

En De Anima, libro III capítulo IX XII, Aristóteles suscita un provocador debate en torno a la posibilidad de que los animales tenga una forma de pensamiento práctico phronesis, pues aquellos persiguen el bien y huyen del dolor. De tal manera que placer y dolor determinan las acciones de los animales. Esto significa que los animales no son artefactos, máquinas o medios meramente para nuestros fines. Todo lo contrario, los animales poseen un télos, una especie de phronesis, capacidad o areté que les permite buscar lo conveniente para sí mismos, elegir el alimento y no el veneno, huir de un cazador o entablar relaciones de amistad con sus protectores, cuidar de la prole y desplazase de un lugar peligroso, utilizar herramientas de la naturaleza para crear nidos y sobre todo infundir en nosotros la curiosidad y la imaginación de sus propios deseos e intereses.

De acuerdo con Carrasco (2020), en el pensamiento aquinate a los animales se les ha dotado de las características necesarias físicas y comportamentales para garantizar su supervivencia, tanto individual como para la especie, y el ser humano debe buscar lo propio a través del razonamiento y el trabajo colectivo. Esto podría implicar en sentido estricto una relación armónica y racional con todos los elementos en el entorno lejos de un uso desmedido o que pueda representar riesgo para el desarrollo y bienestar del ser humano.

> En lugar de esos recursos, la naturaleza ha dado al hombre dos instrumentos que no tienen una eficacia inmediata. Para ser eficaces, requieren de un lento esfuerzo no sólo individual, sino también colectivo: la razón (ratio) y el trabajo (officium manuum). Mientras que el instinto y los recursos físicos de los animales bastan para que éstos alcancen la plena autosuficiencia — de allí que el gobierno no sea necesario entre ellos, porque la organización comunitaria, cuando la hay, está inscripta en sus instintos—, la razón y el trabajo precisan de un proceso de deducción y de una colaboración social para alcanzar resultados satisfactorios, de otro modo el hombre sería incapaz de superar el estadio de indigencia.

Tomás de Aquino fue un importante autor del cristianismo en la Edad Media quien, junto con Agustín de Hipona, consideró en la *Suma Teológica* que los animales se encontraban sometidos al ser humano (Vargas García, C.E. 2020). Sin embargo, esto no necesariamente debería ser interpretado como una relación de abuso, mucho menos de crueldad hacia el otro si consideramos que el bienestar de la especie humana está en función también de un entorno sano.

Desde el tomismo, los animales se entienden como criaturas no racionales que pertenecían a este mundo para beneficio de la humanidad, idea que continuó en el pensamiento cartesiano sosteniendo que los animales no tenían alma y, por lo tanto, tampoco un estatus moral, una idea muy extendida en el pensamiento occidental (Estrada, D.C., 2016; Brinkman, R.J., et al., 2019).

Por otro lado, en las obras de Tomás de Aquino se menciona que incluso la diversidad de especies perfecciona al todo. De ser así, la responsabilidad y la preservación de esta diversidad es parte de la búsqueda de la perfección del ser humano en la totalidad (Pavez J.E., 2019).

> ... si bien cada uno de los seres ocupa su propio lugar, mantiene con los otros relaciones de semejanza, eficiencia y finalidad. Existe, pues, una ordenación de los seres en virtud de su mayor o menor perfección que viene en gran medida definida no sólo por los esquemas de un finalismo

inmanente; sino también y muy especialmente, por un finalismo trascendente.

Según esto, el orden de la Naturaleza, con cada uno de los seres que la componen, se explica por la participación común de todos ellos en un movimiento ascensional, de convergencia hacia Dios, buscando la unión con Él, como con su Bien.

En suma, podemos decir que en la Naturaleza existe una unión y continuidad jerárquica entre los seres de manera que los seres inferiores (o más imperfectos) se ordenan a los superiores.

De todo lo anterior se deduce que esta unión con Dios, que es el último Fin de toda criatura, y por consiguiente su perfección, puede tener lugar de dos maneras:

-Por vía natural o intencionalidad física: Esta perfección es general, común a todas las criaturas y consiste en la participación por semejanza de la Perfección y Bondad divinas.

-Por vía intencional o intencionalidad psíquica: Es la perfección propia de la Persona en tanto que Dios es el objeto de su conocimiento y amor.

La unión con Dios por vía intencional es el modo más perfecto, y el único en sentido propio y pleno, de alcanzar el Fin último o unión con Dios. Este modo particular y perfectísimo de realizar el Fin común a toda criatura es propio y exclusivo de la Persona (o criatura intelectual); en cuanto sólo ella puede tener a Dios como objeto de su conocimiento y de su amor.

El resto de los seres no alcanzan el fin del Universo más que de un modo secundario o impropio, mediante la participación analógica de la semejanza divina (vía natural); es decir, participando de un modo finito y limitado de una perfección de Dios que es una imitación de la perfección divina (Romero, F.T., 1993).

Para Tomás de Aquino, la educación y el conocimiento son parte fundamental del desarrollo del ser humano: el objeto trasciende en medida que se descubre. Por ello, el conocimiento de la vida animal es también parte del camino a descubrir en la vida del ser humano (Pineda, E., 2020). De hecho, se plantea que el conocimiento es parte del constructo de la conciencia del sufrimiento de otros, lo que genera la compasión (Tello, A., Gómez, R. & Coutiño, A., 2021).

En este mismo sentido, la deliberación, según Aristóteles, permite a los seres humanos tomar decisiones razonadamente. Si actuaran sin deliberación y sin razonamiento lo harían de un modo distinto al que le es propio; actuar en desconocimiento no sería prudente ni virtuoso y no favorece la autorrealización (Parra-Pineda, M.O., 2017).

> El propósito de la educación en la obra Tomás de Aquino viene a ser la formación integral de la persona. Esto se apoya en el hecho de que el proceso educativo debe ser verdadero, virtuoso, prudente, comunicativo y transformador, lo cual permite el desarrollo armónico y coherente del ser humano desde una perspectiva ética, espiritual, cognitiva, afectiva, comunicativa, estética, corporal, política y ecológica (García, J., Rodrigo, F. & Pineda, E., 2021).

Así también, para Aquino, el actuar del hombre debe basarse en su racionalidad: la inteligencia debe orientar su voluntad y gobernar los apetitos emocionales (Neto, L.D., 2011). Sería probable que, si un acto de crueldad está regido en principio por la emoción, estaría ante el desvío de esta potencialidad. Si se consideran, además, las aportaciones aquinianas del derecho natural como lo menciona Ruiz (2016): "...la moralidad de todo derecho humano consiste en su acomodación o respeto de un orden moral mínimo para las relaciones sociales".

Se reconoce también la inclinación en el derecho natural por el saber, el amor y la sabiduría, además de la inclinación a conservar la vida, la especie y vivir en sociedad[7],

---

[7] De acuerdo con el trabajo de Ruiz (2016), el derecho natural comprende tres inclinaciones en el ser humano, las dos primeras las comparte con el animal:

una idea compatible con la noción de la necesidad natural del ser humano por formar comunidad (Acosta, L., 2012). Menciona Delgado (2020), en términos de la dignidad y los derechos humanos, que no debe existir tensión entre la pulsión y el intelecto, y es precisamente la función racional lo que confiere una esencia divina al ser humano, porque el hombre es un ser digno, por expresar una capacidad racional, y su fin es la felicidad y la bondad.

Para Frías Urrea (2014), la reflexión sobre el papel de los animales y su estatuto moral en la filosofía de Aristóteles, Aquino y los principios del personalismo comienzan a presentarse, pero con dificultad, probablemente por la imposibilidad de pensar al animal como centro de reflexión. Sin embargo, esto no es necesariamente un

---

conservar la vida y conservar la especie; y la tercera, propia y exclusiva del hombre: la inclinación al saber, al amor, a la sabiduría. "El hombre en primer lugar", escribe el Aquinate, "siente inclinación hacia un bien, el bien de su naturaleza; inclinación común a todos los seres, pues todos los seres apetecen su conservación conforme a su naturaleza. Por lo cual, pertenece a esta primera inclinación la necesidad del alimento y la bebida para la conservación de la vida. En segundo lugar, el hombre siente una inclinación hacia bienes más particulares, conformes también con su naturaleza. Esta inclinación tiene como fin la conservación de la especie; por lo que conlleva la atracción natural entre el macho y la hembra. Finalmente, en el hombre existe una inclinación hacia bienes específicos, propios de su naturaleza racional: hacia la verdad, la ciencia, la sabiduría y el amor; de igual manera, la inclinación a vivir en sociedad. Estas inclinaciones son supervisadas por la ley natural al ser la expresión judicativa de las exigencias de la naturaleza humana. Vallet de Goytisolo lo expresa así: "la ley natural es el reflejo en nosotros de la ley eterna en lo que se refiere al juicio moral de nuestras inclinaciones, tanto de las que nos son comunes con los demás animales, como de las específicas nuestras como animales racionales, juicio que nosotros captamos por el hábito de la sindéresis, fruto de una facultad de nuestra razón y que es nutrida por la experiencia".

impedimento si se asumen los límites autoimpuestos del ser humano propios de la dignidad. No se trata, sin embargo, de un asunto fácil, porque para que el animal se transforme en un tema en sí mismo interesante de tratar, es necesario que, antes, él mismo adquiera una centralidad que, desde el punto de vista del personalismo realista, no tiene ni podría tener. En otras palabras, para que comenzara a haber una reflexión magisterial centrada en el animal y no sólo a propósito de otras realidades más importantes que el animal, sería necesario que ese mismo magisterio se abriera a otros modelos de reflexión, existentes al interior del propio (Frías Urrea, R., 2014).

Rojas Castillo (2020) realiza un abordaje sobre la posibilidad de las consideraciones morales hacia los animales desde el concepto de vulnerabilidad y la empatía. A la primera, los animales se encuentran sujetos dada la falta de sus capacidades racionales, sujetos a "padecimientos y aflicciones", incapaces de notar —racionalizar— que están siendo afectados desde la filosofía aristotélica. Desde esta premisa se traslada a un pensamiento kantiano para sostener:

> Los deberes eran exclusivos hacia los seres humanos, Kant también determinó que los deberes del ser humano para consigo mismo debían considerar a la naturaleza y los animales. Así, la aparente obligación del humano hacia los animales no es por el valor que estos tienen por sí mismos, sino desde la afectación moral que podría traerle al hombre el daño de algún animal.

A pesar de las críticas a la empatía, en el caso de los demás animales, ésta se presenta como un excelente elemento para evaluar las actitudes morales hacia estos, porque permite cuestionar y reconsiderar las preconcepciones tradicionales que han determinado el trato que reciben los demás animales. La empatía no es la cura ante el maltrato hacia los demás animales, pero sí es la posibilidad de examinar dichos comportamientos a la luz del reconocimiento y comprensión del otro.

Las raíces filosóficas del pensamiento personalista requieren considerar las aportaciones institucionales como lo sería la iglesia católica. El papa Francisco ha manifestado la importancia de la reflexión sobre la relación del ser humano con su entorno, incluyendo a los animales a través de su encíclica *Laudato si'* sobre el cuidado de la casa común.

El conjunto del universo, con sus múltiples relaciones, muestra mejor la inagotable riqueza de Dios. Santo Tomás de Aquino remarcaba sabiamente que la multiplicidad y la variedad provienen "de la intención del primer agente", que quiso que "lo que falta a cada cosa para representar la bondad divina fuera suplido por las otras", porque su bondad "no puede ser representada convenientemente por una sola criatura". Por eso, nosotros necesitamos captar la variedad de las cosas en sus múltiples relaciones.

Entonces, se entiende mejor la importancia y el sentido de cualquier criatura si se la contempla en el conjunto del proyecto de Dios.

A San Francisco de Asís se le reconoce como ejemplo del cuidado de los más débiles, de la ecología integral y de la vida alegre y auténtica, viviendo en armonía con Dios, con la naturaleza y consigo mismo, se dice que incorporaba en su vida las alabanzas a todas las criaturas. Partiendo de este reconocimiento, el papa Francisco hace un llamado a la toma de acciones ante la degradación del medio ambiente y menciona que no basta con pensar a las especies sólo como recursos explotables y que, al igual que la naturaleza en su totalidad, son importantes mensajeros de la divinidad, así como indispensables desde el punto de vista de la ecología y el desarrollo integral. Para él, la responsabilidad del ser humano con las distintas formas de vida es algo de suma relevancia.

Cuando el corazón está auténticamente abierto a una comunión universal, nada ni nadie está excluido de esa fraternidad. Por consiguiente, también es verdad que la indiferencia o la crueldad ante las demás criaturas de este mundo siempre terminan trasladándose de algún modo al trato que damos a otros seres humanos. El corazón es uno solo, y la misma miseria que lleva a maltratar a un animal no tarda en manifestarse en la relación con las demás personas. Todo ensañamiento con cualquier criatura "es contrario a la dignidad humana". No podemos considerarnos grandes amantes si excluimos de nuestros intereses alguna parte de la realidad: paz, justicia y conservación de la creación son tres temas absolutamente ligados, que no podrán apartarse para ser tratados individualmente so pena de caer nuevamente en el reduccionismo.

Estas reflexiones contribuyen de forma importante para pensar al ser humano en relación a las otras formas de vida y su responsabilidad ante ellas:

> En la visión filosófica y teológica de la creación que he tratado de proponer, queda claro que la persona humana, con la peculiaridad de su razón y de su ciencia, no es un factor externo que deba ser totalmente excluido. No obstante, si bien el ser humano puede intervenir en vegetales y animales, y hacer uso de ellos cuando es necesario para su vida, el catecismo enseña que las experimentaciones con animales sólo son legítimas "si se mantienen en límites razonables y contribuyen a cuidar o salvar vidas humanas".

> Recuerda con firmeza que el poder humano tiene límites y que "es contrario a la dignidad humana hacer sufrir inútilmente a los animales y sacrifica sin necesidad sus vidas". Todo uso y

experimentación "exige un respeto religioso de la integridad de la creación".

A pesar de que los animales, o lo animal, no figuran como centro de reflexión, sí se les considera y reconoce como entes receptores del acto humano; son, quizás, un importante reflejo de la expresión del animal racional —humano— respecto al animal no-humano. Desde esta aproximación no se niega un derecho natural del ser humano sobre los animales, pero poco a poco se hacen evidentes los límites de esta relación conforme se asume la posibilidad de los animales de tener experiencias satisfactorias, insatisfactorias, o incluso orientadas o contrarias a sus propios fines. Así, desde este pensamiento, en la responsabilidad del ser humano por la búsqueda del bien del otro parece estar implícita la responsabilidad de reducir el sufrimiento de lo no-humano, lo que a su vez podría favorecer la expresión de algunas de las máximas virtudes como la prudencia, el razonamiento y la búsqueda del bien.

No se debe omitir el hecho de que los animales, como integrantes de la naturaleza, han sido reconocidos y se han colocado como elementos trascendentales, por lo que representan como parte de un *Todo* y por lo que son como seres vulnerables que requieren de protección. Todo ensañamiento con cualquier criatura —incluido hacer sufrir a un animal— es contrario a la dignidad humana.

Resumen del capítulo

Aunque poco claras, las aportaciones de la filosofía aristotélico-tomista sobre la consideración moral hacia los animales parecen estar presentes y han requerido un abordaje detallado.

Se puede encontrar hasta este momento que, a pesar de que los animales o lo animal no figura como centro de reflexión en una ética que parecería fundamentalmente antropocentrista, sí se les considera y reconoce como entes receptores del acto humano, y son quizá un importante reflejo de la expresión del animal racional —humano— respecto al animal no-humano.

Desde esta aproximación, no se niega un derecho natural del ser humano sobre los animales, pero poco a poco se hacen evidentes los límites de esta relación conforme se asume la posibilidad y el hecho de que los animales poseen experiencias emocional y biológicamente satisfactorias, insatisfactorias, y orientadas a los fines que en sí mismo puede tener un animal.

Así, desde este pensamiento, en la responsabilidad del ser humano por la búsqueda del bien del otro humano, parece estar implícita la responsabilidad de reducir el sufrimiento de lo no-humano, lo que a su vez podría favorecer la expresión de algunas de las máximas virtudes como la prudencia, el razonamiento y la búsqueda del bien dirigidas a cualquier forma de vida.

No se debe omitir el hecho de que los animales, como integrantes en la naturaleza, han sido reconocidos y se han colocado como elementos trascendentales, por lo que representan como parte de un Todo y por lo que son como seres vulnerables que requieren protección, y de manera precisa ya es mencionado que todo ensañamiento con cualquier criatura —incluido hacer sufrir a un animal— es contrario a la dignidad humana.

Finalmente, siendo esta una aproximación inicial, logran identificarse ya algunos elementos para sentar las bases hacia la integración de la filosofía personalista como una herramienta más para la bioética de la relación del ser humano con los animales.

Capítulo

6

Reflexiones finales

Quizá el principal problema en el proceso de análisis de un fenómeno como el de la Crueldad Animal es la dificultad que representa incluso la propia definición. Al tratarse de un fenómeno tan complejo y multifactorial, es de suma importancia que su abordaje cobre sentido desde el momento en el que se realiza un abordaje multidisciplinario que permita el planeamiento de los mecanismos de intervención en un fenómeno con tal diversidad de factores.

No obstante, no debería considerarse una tarea imposible, sino un reto obligado en la búsqueda y construcción de acciones que favorezcan el desarrollo social e individual a través de sus múltiples dimensiones. La Crueldad Animal no es más que una de las tantas formas de manifestación de las dificultades sociales e individuales y un reto en la búsqueda de bienestar integral.

Sería de suma importancia que el entendimiento del fenómeno de Crueldad Animal sea capaz de diferenciarse de fenómenos aparentemente similares, por lo que no puede ni debe equiparse sólo con un fenómeno de maltrato, aprovechamiento y, a su vez, no debe desvincularse del componente orgánico que podría incluso serle propio desde el punto de vista de las neurociencias y el desarrollo de la conducta humana. Es, sin duda alguna, un fenómeno complejo que no puede quedar sujeto a una fenomenología de abordaje simple.

Por otra parte, es imprescindible reconocer su importancia en términos de salud pública, el fenómeno de Crueldad Animal parece quedar en un punto medio entre consecuencia y causa de gran variedad de fenómenos sociales, ambientales y de salud que aparentemente no han logrado alcanzar la esfera del interés público a grandes escalas. El impacto del fenómeno de Crueldad Animal se coloca como tema de interés a distintos niveles de atención académica, gubernamental, social, económica, sin haber logrado aún establecer conexiones de impacto, prueba de ello es quizá la ausencia del bienestar animal en los objetivos del desarrollo sostenible, en muchos de ellos un tema implícito, pero no un objetivo evidente y de atención relevante; objetivos en los que el concepto de Una salud —One Health en inglés—, no logra resaltar.

El componente normativo es otro factor de alta relevancia, México es un país con un vasto marco legal y normativo en distintos ámbitos, no por eso el más eficiente. Respecto al ámbito de la protección a los animales, ha sido una tarea compleja y cada entidad federativa cuenta con un marco local que no está sujeto a una regulación federal, lo que implica que cada entidad puede establecer distintos criterios, principios, conceptos que entre sí pueden encontrar discrepancias o coincidencias, que responden también a demandas y aceptaciones culturales. A esto se suma el actual trabajo a nivel federal que promueve la creación de lineamientos federales a través de una iniciativa de Ley General de Bienestar Animal carente de la participación social profesional, a la fecha, creada desde ánimos subjetivos, emotivos, sin perspectiva técnica o científica.

En este sentido debería considerarse que la creación de normas, leyes y reglamentos en materia de bienestar animal, y en particular, el componente de prevención y atención a los actos de Crueldad Animal, requieren de un enfoque transversal con alcances a la complejidad del mismo fenómeno. Desde este enfoque transversal y multidisciplinario, sin duda la bioética logra integrarse como una herramienta *sine qua non* para el análisis, reflexión e intervención de este fenómeno. Sin embargo, es probable que, ante multiplicidad de posturas o argumentos filosóficos, parece ser que la reflexión no logra sobreponerse a las diferencias que en ocasiones caen de extremo a extremo y las aportaciones poco trastocan al fenómeno de Crueldad Animal desde un sentido práctico. En este sentido, apelando al punto medio que se puede encontrar en la filosofía personalista en la relación del ser humano con los animales, podría ser un enfoque capaz de aprehender el fenómeno en su complejidad colocando de lado los obstáculos que se podrían encontrar desde otros enfoques.

Esto quiere decir que el criterio de aproximación el fenómeno de Crueldad Animal, no debe caer precisamente en la colocación de "el animal" como centro de reflexión, si no de identificar los factores en nuestro entorno que son aquellos determinantes individuales, familiares, sociales, culturales, económicos, entre otros; en la manifestación, producción, reproducción y hasta aceptación de los actos de Crueldad Animal.

En el presente trabajo se ha realizado el análisis del fenómeno de Crueldad Animal desde su definición, sus implicaciones para la salud pública, el factor normativo y las aportaciones que se pueden obtener desde distintas posturas éticas considerando que ante la diversidad de pensamientos es de mayor relevancia encontrar los elementos suficientes y necesarios capaces de interceder en las distintas esferas que componen el fenómeno de Crueldad Animal.

Derivado del proceso de revisión, análisis argumentativo e interpretación, se obtiene que:

- El primer paso en el análisis del fenómeno de la Crueldad Animal es establecer una definición puntual que evite trastocar elementos que le hagan equiparable con el concepto de maltrato o aprovechamiento, e incluso capaz de incorporar un componente desde el punto de vista de las neurociencias.

- Es fundamental comprender la naturaleza y la fenomenología compleja del fenómeno de Crueldad Animal en sus componentes: individuales, familiares, sociales, culturales, económicos, técnicos, científicos, para un análisis e intervención certera del mismo.

- Desde el punto de vista de la salud pública, las esferas social y científica están obligadas a reconocer que la salud y el bienestar animal son un tema transversal. Por un lado, evitar asumir que es un objeto de estudio sólo de alcances del "animalismo" y, por otro lado, reconocer que es un tema presente en prácticamente todos los niveles de los estudios de la relación sociedad y ambiente.

- Desde el punto de vista de la bioética, los distintos pensamientos tienen mucho que aportar cuando se trata de identificar los fundamentos para colocarlo como un tema de relevancia. Ya sea por las implicaciones en los propios animales, ya sea desde un punto de vista de la ecología, o por las implicaciones para el desarrollo humano; sin embargo, mientras más aportes existen por la diferencia de pensamientos, también es esta característica quizá el mayor obstáculo para la atención al fenómeno.

- Como base del personalismo bioético, considerar la filosofía aristotélico-tomista para el análisis bioético del fenómeno de Crueldad Animal, perece en un principio sesgado hacia la tolerancia de abuso y sometimiento de los animales para satisfacer los caprichos de los seres humanos, sin embargo, las aportaciones de estos pensadores también se encuentran cargadas de la reivindicación de las responsabilidades del ser humano y de su máximo desarrollo a través del aprendizaje sobre el mundo, por lo que es una puerta abierta que da pie a las obligaciones de protección del otro en tanto que el otro forma parte del Todo al que pertenece también el ser humano.

- Para el personalismo bioético, la dignidad de la persona se reconoce como un valor intrínseco y propio del ser humano que se manifiesta a través de los actos morales —la bondad, la empatía— como actos propios de la subsidiaridad, de ahí que, para portadores de una ética personalista, los actos de Crueldad Animal sean contrarios a la dignidad humana.

- El paso de la filosofía personalista por el terreno de la relación del ser humano con la naturaleza y con los animales en particular aún parece ser inestable, sin embargo, ha sido posible descubrir que, incluso desde sus bases, existen aportaciones suficientes para considerar a la bioética personalista capaz de intervenir en un sentido práctico, quizá desde la educación y el debate público, para la atención y prevención de los actos de Crueldad Animal.

Bibliografía

Akhtar, A. (2016). Nonhuman Animals, Public Health, and Ethics: A First Step, But.... *Journal of Applied Animal Welfare Science: JAAWS*, 20(1), 106-107.

Acharya, K.P. & Wilson, R.T. (2020). The animal sacrifice–public health nexus in Nepal. *Journal of Public Health Policy*, 41(3), 386-389.

Acosta López de Mesa, J. (2012). La comunidad humana (polis) como condición de la libertad en la ética aristotélica. *Estudios Políticos*, (41),189-199.

Alarcón Flórez, C.V. (2020). La constitución política de Colombia como medio eficaz para proteger los animales tanto domésticos como salvajes (Doctoral dissertation, Universidad Santiago de Cali).

Alonso, V. & Alvarado, R.B. (2018). Bienestar animal, una verdadera actitud hacia los animales o una simple "moda" de nuestros tiempos. *Cultura Científica y Tecnológica*, (63), 351-353.

Aluja, A.S. (2011). Bienestar animal en la enseñanza de Medicina Veterinaria y Zootecnia. ¿Por qué y para qué? *Veterinaria México*, 137-147.

Alvarado Flores, A.R. (2016). *El abandono canino y su marco normativo una problemática para el bienestar animal y social en Morelia, Michoacán*. Morelia: Universidad Michoacana de San Nicolás Hidalgo.

Amo Usanos, R. (2019). Modelos de bioética. *Acta Bioethica*, 25(1), 103-114.

Antury, E.B. (2021). La vida humana desde la antropología del personalismo integral y la bioética personalista de Elio Sgreccia. *Quién: Revista de Filosofía Personalista*, (13), 7-25.

Aramini, M. (2007). *Introducción a la Bioética*. Editorial San Pablo.

Ascione, F.R. (1993). Children who are cruel to animals: A review of research and implications for developmental psychopathology. *Anthrozoös*, 6(4), 226-247.

Ascione, F.R. (2001). *Animal abuse and youth violenc*. US Department of Justice, Office of Justice Programs, Office of Juvenil Justice and Delinquency Prevention, 2-16.

Ascione, F.R. (Ed.). (2008). *The international handbook of animal abuse and cruelty: Theory, research, and application*. Purdue University Press.

Ascione, F.R. & Shapiro, K. (2009). People and animals, kindness and cruelty: Research directions and policy implications. *Journal of Social Issues*, 65(3), 569-587.

Baglivio, M.T., Wolff, K.T., DeLisi, M., Vaughn, M.G. & Piquero, A.R. (2017). Juvenile animal cruelty and firesetting behaviour. *Criminal behaviour and mental health*, 27(5), 484-500.

Baraz, D. (1998). Seneca, ethics, and the body: The treatment of cruelty in medieval thought. *Journal of the History of Ideas*, 59(2), 195-215.

Becker, F. & French, L. (2004). Making the links: Child abuse, animal cruelty and domestic violence. *Child Abuse Review: Journal of the British Association for the Study and Prevention of Child Abuse and Neglect*, 13(6), 399-414.

Bermeo Antury, E. (2019). *Aportaciones del personalismo ontológico moderno a la bioética personalista*.

Birch, J., Schnell, A.K. & Clayton, N. S. (2020). Dimensions of animal consciousness. *Trends in cognitive sciences*, 24(10), 789-801.

Boat, B.W. (2014). Connections among adverse childhood experiences, exposure to animal cruelty and toxic stress: What do professionals need to consider? *Natl Cent Prosecution Child Abuse Update*, 1-3.

Brewster, M.P. & Reyes, C.L. (2013). *Animal Cruelty*. Carolina Academic Press, Durham.

Breyer, T. & Widlok, T. (Eds.). (2018). *The Situationality of Human-Animal Relations: Perspectives from Anthropology and Philosophy* (Vol. 15). Transcript Verlag.

Brinkman, R.J., Hage, J.J., Oostra, R.J. & Van Der Horst, C.M. (2019). Andreas Vesalius (1515-1564) on animal cognition. *Psychonomic Bulletin & Review*, 26(5), 1588-1595.

Broom, D.M. (2011). A history of animal welfare science. *Acta Biotheoretica*, 59(2), 121-137.

Broom, D.M. (2011). Bienestar animal: conceptos, métodos de estudio e indicadores. *Revista Colombiana de Ciencias Pecuarias*, 24(3), 306-321.

Buriticá, S.M. (2019). *Enfermedades emergentes y reemergentes con potencial zoonótico*. Fondo Editorial Biogénesis, 29-36.

Capó Martí, M. (2005). *Aplicación de la bioética al bienestar y al derecho de los animales*. Madrid: Complutense.

Caravaca-Llamas, C. (2022). La violencia hacia las mascotas como indicador en la violencia de género. *Tabula Rasa*, (41), 269-286.

Carenzi, C. & Verga, M. (2009). Animal welfare: review of the scientific concept and definition. *Italian Journal of Animal Science*, 8(sup1), 21-30.

Carrasco, M.P. (2020). Animal domesticum et civile: orden económico y orden político en Tomás de Aquino, Jacobo de Viterbo, Juan Quidort y Dante Alighieri. *Revista Española de Filosofía Medieval*, 27(1), 47-66.

Cengiz, N. & Wareham, C.S. (2020). Ethical considerations in xenotransplantation: a review. *Current Opinion in Organ Transplantation*, 25(5), 483-488.

Chapouthier, G. (2013). Animal ethics between science and society. *Journal International de Bioethique = International Journal of Bioethics*, 24(1), 11–14. https://doi.org/10.3917/jib.241.0011

Chávez, U. & Manuel, V. (2019). Politics of cruelty, politics of Life Death. Cuicuilco. *Revista de Ciencias Antropológicas*, 26(76), 193-233.

Chomel, B.B. & Sun, B. (2011). *Zoonoses in the bedroom. Emerging infectious diseases*, 167.

Choza Armenta, J.L. (2016). *Manual de antropología filosófica.* Thémata.

Código Penal del Distrito Federal, Última reforma publicada en la Gaceta Oficial del Distrito Federal el 16de junio de 2016.

Código Sanitario para los Animales Terrestres, OIE (2021)

Connor, M., Currie, C. & Lawrence, A.B. (2021). Factors influencing the prevalence of animal cruelty during adolescence. *Journal of Interpersonal Violence,* 36(7-8), 3017-3040.

Constitución Política de los Estados Unidos Mexicanos. (1917).

Cuevas, D. & Granados, A. (2011). La crueldad como fenómeno doblemente humano. *Revista de Psicología GEPU,* 2(1), 117-129.

D'Angelo, D., Ciani, F., Zaccherini, A., Tafuri, S., Avallone, L., D'Ingeo, S. & Quaranta, A. (2020). Human-animal relationship dysfunction: A case study of animal hoarding in Italy. *Animals,* 10(9), 1501.

Dadds, M.R. (2008). Conduct problems and cruelty to animals in children: What is the link. *The international handbook of animal abuse and cruelty: Theory, research, and application,* 111-131.

Dantas-Torres, F., Chomel, B.B. & Otranto, D. (2012). Ticks and tick-borne diseases: a One Health perspective. *Trends in parasitology*, 437-446.

Day, M.J. (2011). One health: the importance of companion animal vector-borne diseases. *Parasites and Vectors*, 41-49.

De Santiago Fernández, L. (2013). El maltrato animal desde un punto de vista criminológico. *Derecho y Cambio Social*, 10(33), 19.

DeGrazia, D. & Beauchamp, T.L. (2019). Beyond the 3 Rs to a more comprehensive framework of principles for animal research ethics. *ILAR Journal*, 60(3), 308-317.

Delgado Parra, C. (2020). Perplejidades de la dignidad humana en el marco de los derechos humanos. *Praxis Filosófica*, (50), 161-186.

Dichter, A. (1978). Legal definitions of cruelty and animal rights. BC Envtl. Aff. L. Rev., 7, 147.

Doyle, R.E., Wieland, B., Saville, K., Grace, D. & Campbell, A.J.D. (2021). The importance of animal welfare and Veterinary Services in a changing world. *Revue Scientifique et Technique (International Office of Epizootics)*, 40(2), 469-481.

Dumoulié, C. (1996). *Nietzsche y Artaud: por una ética de la crueldad.* Siglo XXI.

Eba, M.B.A. (2020). A Critique of Aldo Leopold Land Ethic for Environmental Management. *Journal Office,* 6(2), 131-142.

Estrada Cano, D.C. (s.f.). El uso de animales y la simulación clínica: un modelo diferente de educación en medicina, 53-59.

Faver, C.A. & Strand, E.B. (2003). Domestic violence and animal cruelty: Untangling the web of abuse. *Journal of Social Work Education,* 39(2), 237-253.

Fenton, A. (2019). A moderate Buddhist animal research ethics. *Developing World Bioethics,* 19(2), 106-115.

Flórez, Á.M.W. (2011). La propuesta bioética de Van Rensselaer Potter, cuatro décadas después. *Opción,* 27(66), 70-84.

Flynn, C. (2001). Acknowledging the "Zoological connection": A sociological analysis of animal cruelty. *Society & Animals,* 9(1), 71-87.

Flynn, C.P. (1999). Animal abuse in childhood and later support for interpersonal violence in families. *Society and Animals,* 161-172.

Flynn, C.P. (1999). Exploring the link between corporal punishment and children's cruelty to animals. *Journal of Marriage and the Family*, 971-981.

Flynn, C.P. (2012). *Understanding Animal Abuse: A Sociological analysis*. Brooklyn: Lantern Books.

Fondation Droit Animal, Éthique et Sciences. (2019). Obtenido de http://www.fondation-droit-animal.org/

Ford, J., Bytheway, A. & Alleyne, E. (2020). Man's Best Friend and Sometimes Target: Negative Interpersonal Relations are Related to Animal Abuse Proclivity. *Society & Animals*, 1-20.

Frandsen, M.G. (2013). El hombre y el resto de los animales. *Tinkuy: Boletín de investigación y debate*, (20), 56-78.

Fraser, D., Koralesky, K.E. & Urton, G. (2018). Toward a harmonized approach to animal welfare law in Canada. *The Canadian Veterinary Journal*, 59(3), 293.

Frías Urrea, R. (2014). La cuestión animal: El Magisterio de la Iglesia católica en el contexto del debate actual. *Veritas*, (30), 105-126.

Fürst von Lieven, A., Humar, M. & Scholtz, G. (2021). Aristotle's lobster: the image in the text. *Theory in Biosciences*, 140(1), 1-15.

Furtado, G.D., Duarte, G.D., Guimaraes, F.S. & De Brito, S.A. (2020). Public policies and animal well being. *Environmental Smoke*, 40-47.

Galindo, G.C. (2009). *Bioética global: homenaje a Van Rensselaer Potter*. Editorial Pontificia Universidad Javeriana.

García Jara, O.P., Rodrigo, F. & Pineda, É. (2021). A educação sob a perspectiva de Tomás de Aquino no contexto da cibercultura. *Hallazgos*, 18(35), 319-340.

García Lopez, T. (2007). La Constitución Mexicana y los principios rectores del derecho ambiental. En E. Rabasa, *La Constitución y el medio ambiente* (35-53). México: UNAM.

García Solé, M. (2015). El delito del maltrato a los animales. El maltrato legislativo a su protección. *Bioética y Derecho*, 43-53.

Garzón, F.A. (2009). Fritz Jahr, ¿el padre de la bioética? *Revista Latinoamericana de Bioética*, 9(17), 6-7.

Gomes, L.B., Paiva, M.T., De Oliveira Lisboa, L., De Oliveira, C.S.F., García, R.D.C.M. & De Magalhães Soares, D.F. (2021). Diagnosis of animal abuse: A Brazilian study. *Preventive Veterinary Medicine*, 194, 105-421.

Grace, D., Gilbert, J., Randolph, T. & Kang'ethe, E. (2012). The multiple burdens of zoonotic disease and an ecohealth approach to their assessment. *Tropical Animal Health and Production*, 67-73.

Gullone, E. (2014). An evaluative review of theories related to animal cruelty. *Journal of Animal Ethics*, 4(1), 37-57.

Guymer, E.C., Mellor, D., Luk, E.S. & Pearse, V. (2001). The development of a screening questionnaire for childhood cruelty to animals. *The Journal of Child Psychology and Psychiatry and Allied Disciplines*, 42(8), 1057-1063.

Haden, S.C., McDonald, S.E. & D'Emilia, W. (2022). Psychopathy and animal cruelty offenders. In *Psychopathy and Criminal Behavior* (445-468). Academic Press.

Heffernan, J. (1982). The Land Ethic: A Critical Appraisal. *Environmental Ethics*, 4(3), 235-247.

Henry, B. (2004). The relationship between animal cruelty, delinquency, and attitudes toward the treatment of animals. *Society & Animals*, 185-207.

Hensel, M.E. & Arenas-Gamboa, A.M. (2018). Bucellosis in dogs and public health risk. *Emerging Infectious Diseases*, 1401-1406.

Hensley, C. & Tallichet, S.E. (2005). Animal cruelty motivations: Assessing demographic and situational influences. *Journal of Interpersonal Violence*, 20(11), 1429-1443.

Hensley, C. & Tallichet, S.E. (2005). Learning to be cruel?: Exploring the onset and frequency of animal cruelty. *International Journal of Offender Therapy and Comparative Criminology*, 49(1), 37-47.

Hensley, C. & Tallichet, S.E. (2008). Childhood and adolescent animal cruelty methods and their possible link to adult violent crimes. *Journal of Interpersonal Violence*, 24(1), 147-158.

Heredia Campos, E.B., Cahuich-Campos, D., Terán y Contreras, O.S. & Mariaca Méndez, R. (2022). Rituales para la protección de animales domésticos en los solares de Yaxcabá y Yaxunah, Yucatán, México. *Estudios de Cultura Maya*, 59, 191-216.

Holoyda, B.J. & Newman, W.J. (2016). Childhood animal cruelty, bestiality, and the link to adult interpersonal violence. *International Journal of Law and Psychiatry*, 47, 129-135.

Horta, O. (2011). La argumentación de Singer en Liberación animal: concepciones normativas, interés en vivir y agregacionismo. *Diánoia*, 56(67), 65-85.

Ivanovic Barbeito, M. (2011). Un decálogo animalista. *Revista de Bioética y Derecho*, (22), 56-66. [Fecha de consulta 22 de julio de 2022]. Disponible en: https://www.redalyc.org/articulo.oa?id=78339723007

Jawad, H. (2020). Animal Welfare during Pandemics. *Acta Scientific Veterinary Sciences*, 2, 18-21.

Jegatheesan, B., Enders-Slegers, M.J., Ormerod, E. & Boyden, P. (2020). Understanding the link between animal cruelty and family violence: the bioecological systems model. *International Journal of Environmental Research and Public Health*, 17(9), 3116.

Johnson, S.A. (2018). Animal cruelty, pet abuse & violence: the missed dangerous connection. *Forensic Research & Criminology International Journal*, 6(6), 403-415.

Kabene, S. & Baadel, S. (2019). Bioethics: a look at animal testing in medicine and cosmetics in the UK. *Journal of Medical Ethics and History Of Medicine*, 12.

Landi, M., Everitt, J. & Berridge, B. (2021). Bioethical, reproducibility, and translational challenges of animal models. *ILAR Journal*.

Lauren Steffen, J., Crippa, A. & Gonçalves Dos Santos Feijó, A. (2016). Proposal for bioethics education in Animal Ethics. *Revista de Bioética y Derecho*, (36),

85-91. [Fecha de consulta 22 de julio de 2022]. Disponible en: https://www.redalyc.org/articulo.oa?id=78344806007

Lee, L.M. (2017). A bridge back to the future: public health ethics, bioethics, and environmental ethics. *The American Journal of Bioethics*, 17(9), 5-12.

Lerner, H. & Berg, C. (2015). The concept of health in One Health and some practical implications for research and education: what is One Health? *Infection Ecology and Epidemiology*, 25-30.

Lerner, H. & Berg, C. (2017). A comparison of three holistic approaches to health: one health, EcoHealth, and planetary health. *Frontiers in Veterinary Science*, 163.

Ley de Protección a los Animales de la Ciudad de México, Última reforma publicada en la Gaceta Oficial del Distrito Federal el 27 de mayo de 2021.

Ley Federal de Sanidad Animal, Última reforma publicada en el Diario Oficial de la Federación el 16 de febrero de 2018.

Ley General de Vida Silvestre, Última reforma publicada en el Diario Oficial de la Federación el 19 de enero de 2018.

Ley General del Equilibrio Ecológico y Protección al Ambiente, Última reforma publicada en el Diario Oficial de la Federación el 9 de enero de 2015.

Leyton Donoso, F. (2008). *Bioética frente a los derechos animales: tensiones en la frontera de la filosofía moral.* Barcelona: Universidad de Barcelona.

Leyton, F. (2019). *Los animales en la bioética: Tensión en las fronteras del antropocentrismo.* Herder Editorial.

Lima, N.S. & Cambra Badii, I. (2013). La bioética según Fritz Jahr: idea y cosmovisión. Referencias contextuales y narrativas del surgimiento del concepto. En V Congreso Internacional de Investigación y Práctica Profesional en Psicología, XX Jornadas de Investigación, Noveno Encuentro de Investigadores en Psicología del MERCOSUR. Facultad de Psicología-Universidad de Buenos Aires.

Lockwood, R. (1999). Animal cruelty and violence against humans: Making the connection. *Animals,* 5, 81.

Lockwood, R. & Arluke, A. (1997). Guest editors' introduction: Understanding cruelty to animals. *Society & Animals,* 5(3), 183-193.

Lolas Stepke, F. (2000). Bioética y antropología médica. En Bioética y antropología médica, 174.

Longobardi, C. & Badenes-Ribera, L. (2019). The relationship between animal cruelty in children and adolescent and interpersonal violence: A systematic review. Aggression and violent behavior, 46, 201-211.

Macer, D. (2019). Ethical Poultry and the Bioethics of Poultry Production. *The Journal of Poultry Science*, 56(2), 79-83.

Mackenzie, J.S. & Jeggo, M. (2019). The One Health approach—Why is it so important? *Tropical Medicine and Infectious Diseases*, 4(2), 88.

Martí, Á.S.P. (2021). Human nature in the Aristotelian-Thomist tradition: a brief exposition. *Cuadernos de Bioética: Revista Oficial de la Asociación Española de Bioética y Ética Médica*, 32(105), 237-247.

Martínez Arturo, L.X. (2018). El planteamiento de Tom Regan sobre los derechos de los animales y sus implicaciones bioéticas (Bachelor's thesis, Universidad de La Sabana).

Martínez, Alfredo Marcos (2007). Política animal. El "Proyecto Gran Simio" y los fundamentos filosóficos de la biopolítica. *Revista Latinoamericana de Bioética*, 7(12), 60-75. [Fecha de consulta 22 de julio de 2022].

ISSN: 1657-4702. Disponible en: https://www.redalyc.org/articulo.oa?id=127020800005

Matsuoka, A. & Sorenson, J. (Eds.). (2018). *Critical animal studies: Towards trans-species social justice*. Rowman & Littlefield.

Mayes, G.R. (2009). Naturalizing cruelty. Biology & Philosophy, 24(1), 21-34.

Mellor, D.J., Beausoleil, N.J., Littlewood, K.E., McLean, A.N., McGreevy, P.D., Jones, B. & Wilkins, C. (2020). The 2020 five domains model: including human–animal interactions in assessments of animal welfare. *Animals*, 10(10), 1870.

Merz-Perez, L. & Heide, K.M. (2004). *Animal cruelty: Pathway to violence against people*. Rowman Altamira.

Molyneux, D., Hallaj, Z., Keusch, G.T., McManus, D.P., Ngowi, H. & Garba, A. (2011). Zoonoses and marginalised infectious diseases of poverty: where do we stand? *Parasites and Vectors*, 106.

Moyano Estrada, E., Castro, F. & Prieto Gómez, J. (2015). *Bases sociales y políticas del bienestar animal en la Unión Europea*.

Mutuberría, J.M.J. & Zamora, M.M. (2009). El maltrato animal como indicador de riesgo social. *Información Veterinaria*, 4, 16-19.

Neto, L.D.H.C. (2011). Contribuciones tomistas al estudio de las emociones y algunos de sus corolarios éticos. *Revista Latinoamericana de Bioética*, 11(21), 9.

Newberry, M. (2017). Pets in danger: Exploring the link between domestic violence and animal abuse. *Aggression and Violent Behavior*, 34, 273-281.

Nieuwland, J. & Meijboom, F.L. (2020). One health: How interdependence enriches veterinary ethics education. *Animals*, 10(1), 13-17.

Norma Oficial Mexicana NOM-033-SAG/ZOO-2014, Métodos para dar muerte a los animales domésticos y silvestres.

Nuttall, A.D. (1996). *Why does tragedy give pleasure?* Oxford University Press, USA.

Organización Panamericana de la Salud. (2019, 15 de noviembre). Centro de Prensa de la OPS. Obtenido de https://www.paho.org/hq/index.php?option=com_content&view=article&id=15585:-mexico-is-free-from-human-rabies-transmitted-by-dogs&Itemid=1926&lang=es

Organización Panamericana de la Salud. (2023, 12 de diciembre). Centro de Prensa de la OPS. Obtenido de https://www.paho.org/es/mexico/acerca-op-soms-mexico

Organización Mundial de Sanidad Animal. (2019). *Código Sanitario para los Animales Acuáticos.*

Organización Mundial de Sanidad Animal. (2019). *Código Sanitario para los Animales Terrestres.* Organización Mundial de Sanidad Animal, París.

Organización Mundial de Sanidad Animal. (2019). Obtenido de https://www.oie.int/es/quienes-somos/textos-principales/textos-fundamentales/convenio-internacional-para-la-creacion-en-paris-de-una-oficina-internacional-de-epizootias/

Organización Mundial de Sanidad Animal. (s.f.). ¿Conoce la Organización Mundial de Sanidad Animal? París: OIE.

Organización Panamericana de la Salud. (2015). Estrategia de Cooperación de la Organización Panamericana de la Salud/Organización Mundial de la Salud con México 2015-2018. OPS.

Ortiz Llueca, E. (2008). Los límites de la bioética consecuencialista. Un análisis de la propuesta de Peter

Singer. *Cuadernos de Bioética*, XIX(3), 449-458. [Fecha de consulta 22 de julio de 2022]. ISSN: 1132-1989. Disponible en: https://www.redalyc.org/articulo.oa?id=87511718004

Pardo, M.Z. (2010). La moral de la crueldad. *Nómadas*, (33), 13-30.

Parra-Pineda, M.O. (2017). Contribución de Aristóteles a la deliberación desde una perspectiva bioética. *Revista de la Facultad de Medicina*, 65(4), 649-653.

Parry, N.M. & Stoll, A. (2020). The rise of veterinary forensics. *Forensic Science International*, 306, 110069.

Pavez, J.E.C. (2019). La diversidad de especies de vivientes corpóreos a la luz de la filosofía de Santo Tomás de Aquino. *Sapientia*, 72(240/1), 69-96.

Perelman, M. (2007). Algunas definiciones sobre la violencia: usos y teorías. VII Jornadas de Sociología.

Persson, K., Selter, F., Neitzke, G. & Kunzmann, P. (2020). Philosophy of a "good death" in small animals and consequences for euthanasia in animal law and veterinary practice. *Animals*, 10(1), 124.

Pierce, J. (2019). The Animal as Patient: Ethology and End-of-Life Care. *Veterinary Clinics: Small Animal Practice*, 49(3), 417-429.

Pinillos, R. G., Appleby, M.C., Maneca, X., Scott-Park, F., Smith, C. & Velarde, A. (2016). One welfare-a platform for improving human and animal welfare. *Veterinary Record*, 412-413.

Piña, V.I.C. (2015). ¿Es la crueldad constitutiva del ser humano? Meditaciones a partir de Nietzsche y Freud. *Mutatis Mutandis: Revista Internacional de Filosofía*, 3(5), 87-98.

Piotr P., M. (2019). Book Review, One Welfare: a Framework to Improve Animal Welfare and Human Well-being. *Antrhozoos*, 837-839.

Rabinowitz, P.M., Natterson-Horowitz, B.J., Kahn, L.H., Kock, R. & Pappaioanou, M. (2017). Incorporating one health into medical education. *BMC Medical Education*, 17(1), 1-7.

Rabinowitz, P. & Conti, L. (2013). Links among human health, animal health and ecosystem health. *Annual Review of Public Health*, 189-204.

Ramírez Borrero, N.D., Corredor Niño, M.A. & Navas Gutiérrez, S.E. (2021). Bioethical recommendations for the pandemic. A personalistic perspective. *Persona y Bioética*, 25(1).

Randour, M.L., Smith-Blackmore, M., Blaney, N., DeSousa, D. & Guyony, A.A. (2021). Animal abuse as a type of trauma: Lessons for human and animal service professionals. *Trauma, Violence, & Abuse,* 22(2), 277-288.

Reyes Ortiz, A. (2015). *Derecho, ética y protección a los animales domésticos (Caninos y felinos) en México.* Universidad Michoacana de San Nicolás Hidalgo.

Riggs, D.W., Taylor, N., Fraser, H., Donovan, C. & Signal, T. (2021). The link between domestic violence and abuse and animal cruelty in the intimate relationships of people of diverse genders and/or sexualities: A binational study. *Journal of Interpersonal Violence,* 36(5-6), NP3169-NP3195.

Rivero Sosa, I.G. (2017). Enfoque ético y jurídico de la protección animal. En *La protección jurídica de los animales* (35-65). Ciudad de México: UNAM.

Rock, M.J., Rault, D. & Degeling, C. (2017). Dog-bites, rabies and One Health: Towards improved coordination in research, policy and practice. *Social Science & Medicine,* 187, 126-133.

Rock, M., Buntain, B.J. & Hallgrimsson, B. (2009). Animal-human connections, "one health", and the syndemic approach to prevention. *Social and Medicine,* 991-995.

Rodríguez, F.Q. (2018). El origen teológico de la "bioética". Consideraciones acerca de San Francisco de Asís. *Theologica Xaveriana*, 68(186), 1-19.

Rojas Castillo, S.D. (2020). *La formación ciudadana desde la ética animal*. Pontificia Universidad Javeriana de Bogotá.

Romero, F.T. (1993). La escala de los seres en la filosofía de Tomás de Aquino. *Revista Española de Filosofía Medieval*, 225-238.

Rowan, A.N. (1999). *Cruelty and abuse to animals: A typology. Child abuse, domestic violence, and animal abuse: Linking the circles of compassion for prevention and intervention*, ed. FR Ascione & P. Arkow, 328-34.

Ruiz Rodríguez, V. (2016). Santo Tomás de Aquino en la filosofía del derecho. *En-claves del pensamiento*, 10(19), 13-40.

Said Castagno, K. (2017). Los animales como seres sintientes en la Constitución Política de la Ciudad de México. En *dA Derecho Animal: Forum of Animal Law Studies* (Vol. 8, No. 1, p. 003).

Santiago Fernández, L. (2013). El maltrato animal desde un punto de vista criminológico. *Derecho y Cambio Social*, 1-11.

Shapiro, Z.E. (2017). Bioethics in the law. *Hastings Center Report*, 47(1).

Sharp, L.A. (2018). The Other Animal of Transplant's Future. *Hastings Center Report*, 48, S63-S66.

Simmonds, R.C. (2017). Bioethics and animal use in programs of research, teaching, and testing. *Management of Animal Care and Use Programs in Research, Education, and Testing*, 35-62.

Téllez Ballesteros, E. & Vanda Cantón, B. (2020). Cuestionamientos éticos a la generación de conocimiento en la investigación biomédica con animales no humanos. *Revista de Bioética y Derecho*, (49), 173-189.

Téllez-Maqueo, D. (2021). Algunas reflexiones sobre la ira en Tomás de Aquino y Séneca. *Revista de Humanidades*, (43) 293-324.

Tello, A.L., Gómez, R.M. & Coutiño, A.B.M. (2021). Propiedades psicométricas de una Escala de Compasión Hacia los Animales (ECA). *Psicología Iberoamericana*, 29(2).

Trentham, C.E., Hensley, C. & Policastro, C. (2018). Recurrent childhood animal cruelty and its link to recurrent adult interpersonal violence. *International*

Journal of Offender Therapy and Comparative Criminology, 62(8), 2345-2356.

Unti, B. (2008). CrueltyIndivisible: Historic perspectives on the link between cruelty on animals and interpersonal violence. En F. R. Ascione, *The international handbook of animal abuse and cruelty: Theory, research, and application* (7-25). Indiana: Purdue University.

Vargas García, C.E. (2020). Bioética y derechos animales: Análisis sobre la consideración moral hacia los animales no humanos (Master's thesis, Universidad del Azuay).

Veit, W. & Browning, H. (2021). Phenomenology applied to animal health and suffering. En *Phenomenology of bioethics: Technoethics and lived-experience* (73-88). Springer, Cham.

Vélez, Y. (2018). La concepción de los animales en Aristóteles. *Revista Latinoamericana de Estudios Críticos Animales*.

Villanueva, G. (2016). 'The Bible'of the animal movement: Peter Singer and animal liberation, 1970–1976. *History Australia*, 13(3), 399-414.

Waldin, V.L. (2020). Introduction to animal law: Resources for online research and study. *College and Research Libraries News*, 40-43.

Walters, G.D. (2019). Animal cruelty and bullying: Behavioral markers of delinquency risk or causal antecedents of delinquent behavior? *International Journal of Law and Psychiatry*, 62, 77-84.

Williams, L.A. (2021). From human wellbeing to animal welfare. *Neuroscience & Biobehavioral Reviews*, 131, 941-952.

Wilson, B.J., Thompson, K.R. & McGreevy, P.D. (2021). The race that segments a nation: Findings from a convenience poll of attitudes toward the Melbourne Cup Thoroughbred horse race, gambling and animal cruelty. *PloS one*, 16(3), e0248945.

Wolf, S.M. (2018). Shifting paradigms in bioethics and health law: the rise of a new pragmatism. *Rights and Resources*, 3-24.

Woods, A. (2012). From cruelty to welfare: the emergence of farm animal welfare in Britain, *Endeavour*, 36(1), 14-22.

Worster, D. (1996). The two cultures revisited: Environmental History and the Environmental Sciences. En *Environmental and History Journal* (Vol. 2, No. 1) UK, 3-14.

Yadav, M.P., Singh, R.K. & Malik, Y.S. (2020). Emerging and Transboundary Animal Viral Diseases: Perspectives and Preparedness. *Emerging and Transboundary Animal Viruses*, 1-25

Young, A. (2012). Empathic cruelty and the origins of the social brain. *Critical Neuroscience. A Handbook of the Social and Cultural Context of Neuroscience*, 159-176.

www.ingramcontent.com/pod-product-compliance
Lightning Source LLC
Chambersburg PA
CBHW070754290326
41931CB00011BA/2009